최신 현지
트렌드 반영

GO! 독학

廣東

광둥어
첫걸음

시원스쿨어학연구소 · SOW Publishing 지음

발음 · 회화 · 문법 · 패턴 · 문화
정말 한 권으로 끝내는 입문서

S 시원스쿨닷컴

초판 1쇄 발행 2023년 1월 2일
초판 2쇄 발행 2024년 5월 2일

지은이 시원스쿨어학연구소 · SOW Publishing
펴낸곳 (주)에스제이더블유인터내셔널
펴낸이 양홍걸 이시원

홈페이지 china.siwonschool.com
주소 서울시 영등포구 영신로 166 시원스쿨
교재 구입 문의 02)2014-8151
고객센터 02)6409-0878

ISBN 979-11-6150-648-7
Number 1-450102-16161807-06

최신 현지
트렌드 반영

GO! 독학

廣東

광둥어

첫걸음

이 책의 구성과 활용

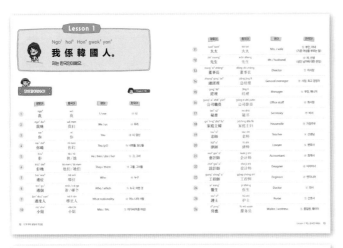

◦ 단어 알아보GO! ◦

매 과의 주요 단어를 광둥어, 중국어, 영어, 한국어 총 4가지 언어로 제시하여 누구나 쉽게 학습할 수 있습니다.

◦ 어휘 늘리GO! ◦

새단어 중 매 과의 주제와 관련된 어휘를 그림과 함께 익힐 수 있어 보다 쉽게 단어를 기억할 수 있습니다.

◦ 핵심 표현 익히GO! ◦

기본적으로 꼭 알아야 할 핵심 표현 60개를 수록하여 실제 상황에서 어떻게 응용되는지 훈련할 수 있습니다.

○ 문법 다지GO! ○

매 과의 핵심 문법을 다양한 예문과 함께 학습할 수 있습니다. MP3 음원을 들으며 듣기와 말하기를 동시에 마스터할 수 있습니다.

○ 회화로 말문트GO! ○

일상생활에서 가장 많이 쓰는 생생한 상황 회화로 구성되어 있어 자연스러운 광둥어를 구사할 수 있습니다.

○ 문제 풀어보GO! ○

다양한 유형의 연습 문제를 풀어보며 자신의 실력을 점검할 수 있습니다.

부록 구성

주제별 일상 어휘 및 문화

일상 생활과 밀접한 주요 어휘를 한눈에 보기 쉽게 정리하였으며, 생생한 그림으로 현지의 다양한 문화를 직간접적으로 체험할 수 있습니다.

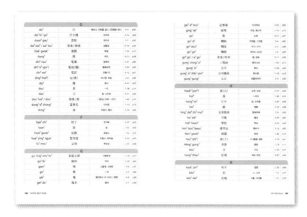

어휘 색인(Index)

매 과에서 학습한 새단어를 알파벳 순으로 정리하여 원하는 단어를 쉽게 찾아볼 수 있습니다.

쓰기 노트

매 과에서 학습한 주요 문장 50개를 직접 쓰면서 연습할 수 있습니다.

6

목차

MP3 음원 무료 다운로드 china.siwonschool.com
홈페이지 접속 ▶ 학습 지원 센터 ▶ 공부 자료실에서 다운로드 받으실 수 있습니다.

발음편

① 6개의 기본 성조

	제1성	제2성	제3성	제4성	제5성	제6성
높은 음						
중간 음						
낮은 음						
예시	yi¹[衣]	yi²[椅]	yi³[意]	yi⁴[疑]	yi⁵[耳]	yi⁶[二]

제1성	가장 높은 성조로, 성조가 고음으로 시작해서 끝까지 평평함을 유지합니다.
제2성	성조가 중음에서 고음까지 올라갑니다.
제3성	성조가 중음으로 시작해서 끝까지 평평함을 유지합니다.
제4성	성조가 중음에서 저음까지 내려갑니다.
제5성	성조가 저음에서 중음까지 올라갑니다.
제6성	가장 낮은 성조로, 성조가 저음으로 시작해서 끝까지 평평함을 유지합니다.

② 성모와 운모

성모			종자음	운모		
				단운모	결합운모	
b	g	gw	m	i	aa	ai
p	k	kw	n	ü	iu	au
m	ng	w	ng	u	öü	aai
f	h		p	e	ui	aau
d	zh		t	o	ei	
t	ch		k	ö	oi	
n	s			a	ou	
l	y					

③ 운모

운모는 음절의 맨 앞에 오거나 성모 뒤에 붙습니다. 운모는 단운모와 결합운모 두 가지로 나뉠 수 있는데, 아래 제시된 가이드를 참고하여 학습해 봅시다.

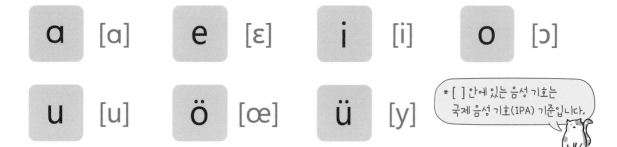

a [ɑ] e [ɛ] i [i] o [ɔ]

u [u] ö [œ] ü [y]

* [ ] 안에 있는 음성 기호는 국제 음성 기호(IPA) 기준입니다.

다음의 7가지 발음은 별도로 표기해 놓았으니 발음에 주의하여 학습해 봅시다.

 Track 0-02

öng œŋ
ö의 발음이 끝날 무렵, 혀의 뒷부분을 연구개에 대고 비음을 냅니다.

göng[1] [薑]　köng[4] [強]　löng[5] [兩]　yöng[4] [羊]

öt œt
ö의 발음이 끝날 무렵, 혀의 끝부분을 윗니 뒷부분에 빠르게 댔다가 입 안의 호흡을 멈춥니다.

chöt[1] [出]　zhöt[1] [卒]　löt[6] [栗]　söt[6] [術]

ök œk
ö의 발음이 끝날 무렵, 혀의 뒷부분을 입천장 부드러운 쪽에 대고 연구개에서 호흡을 멈춥니다.

chök[3] [桌]　lök[6] [略]　sök[3] [削]　zhök[2] [雀]

ön œn
ö의 발음이 끝날 무렵, 혀의 끝부분을 윗니 뒷부분에 대고 비음을 냅니다.

lön[4] [鄰]　tön[5] [盾]　yön[6] [潤]　zhön[3] [進]

ün yn
ü의 발음이 끝날 무렵, 혀의 끝부분을 윗니 뒷부분에 대고 비음을 냅니다.

gün[1] [捐]　kün[4] [拳]　sün[4] [船]　tün[4] [屯]

üt

yt

ü의 발음이 끝날 무렵, 혀의 끝부분을 윗니 뒷부분에 빠르게 댔다가 입 안의 호흡을 멈춥니다.

kük³ [決]　　　lüt⁶ [劣]　　　tüt³ [脫]　　　zhüt⁶ [絕]

öü

œy

ö의 발음 뒤에 y 발음을 붙입니다.

chöü³ [趣]　　　göü¹ [居]　　　köü⁵ [佢]　　　töü¹ [推]

④ 성모

광둥어에는 우리말 자음에 해당하는 총 19개의 성모가 있습니다. 그 중 아래의 두 개 발음은 주의하여 학습합시다.

gwa

gw　g의 발음이 끝날 무렵 입술을 주름이 생길 정도로 동그랗게 말아 gw 발음을 합니다.

gwa　운모 a를 붙여 연습해 봅시다.

gwa¹ [瓜]　　　gwai¹ [歸]

kwa

kw　kw는 gw와 같은 방식에서 조금 더 폭발시키는 느낌으로 발음을 합니다.

kwa　운모 a를 붙여 연습해 봅시다.

kwa¹ [誇]　　　kwai¹ [規]

⑤ 성조의 결합1

Track 0-03

	제1성	제2성	제3성	제4성	제5성	제6성
제1성	yi¹ sang¹ 醫生 의사	Höng¹ gong² 香港 홍콩	baai¹ baai³ 拜拜 바이 바이	hoi¹ mun⁴ 開門 문을 열다	gam¹ maan⁵ 今晚 오늘 밤	hing¹ dai⁶ 兄弟 형제
제2성	gei² do¹ 幾多 얼마	sau² doi² 手袋 손가방	gan² yiu³ 緊要 중요하다	ning² cha⁴ 檸茶 레몬차	zhü² fu⁵ 主婦 주부	zhi² mui⁶ 姊妹 자매
제3성	ga³ fe¹ 咖啡 커피	daai³ wai² 帶位 자리로 안내하다	a³ baak³ 阿伯 할아버지	zhöü³ peng⁴ 最平 제일 싸다	si³ ha⁵ 試吓 시도해 보다	sai³ lou⁶ 細路 어린이, 아이

제4성	mou⁴ gan¹ 毛巾 수건	tim⁴ ban² 甜品 디저트	yau⁴ piu³ 郵票 우표	ngan⁴ hong⁴ 銀行 은행	hang⁴ lei⁵ 行李 짐, 수하물	chin⁴ min⁶ 前面 앞
제5성	lou⁵ gung¹ 老公 남편	ng⁵ dim² 五點 다섯 시	laang⁵ hei³ 冷氣 에어컨	löü⁵ hang⁴ 旅行 여행	ng⁵ si⁵ 午市 점심 타임	tou⁵ ngo⁶ 肚餓 배고프다
제6성	min⁶ baau¹ 麵包 빵	yit⁶ gau² 熱狗 핫도그	wui⁶ gai³ 會計 회계	si⁶ yau⁴ 豉油 간장	ye⁶ maan⁵ 夜晚 야밤중	din⁶ si⁶ 電視 텔레비전

⑥ 성조의 결합 2

p, t 혹은 k가 단어 마지막에 나올 때는 해당 단어의 성조는 항상 1성, 3성 혹은 6성이 됩니다.

	제1성	제3성	제6성
제1성	suk¹ suk¹ 叔叔 아저씨	yat¹ zhit³ 一折 90% 할인	faan¹ hok⁶ 返學 학교에 다니다
제2성	gan² gap¹ 緊急 긴급하다	hou² zhök³ 好着 입기 좋다, 신기 좋다	hou² sik⁶ 好食 맛있다
제3성	sung³ yat¹ 送一 하나 드리다	paak³ sip³ 拍攝 촬영하다	dung³ yit⁶ 凍熱 차갑고 뜨겁다
제4성	yün⁴ bat¹ 鉛筆 연필	Hon⁴ gwok³ 韓國 한국	ngau⁴ yuk⁶ 牛肉 소고기
제5성	maai⁵ yat¹ 買一 하나 사다	yü⁵ gaap³ 乳鴿 식용 비둘기	yau⁵ lok⁶ 有落 내려 주세요
제6성	luk⁶ sik¹ 綠色 초록색	lok⁶ süt³ 落雪 눈이 오다	dak⁶ bit⁶ 特別 특별하다

Lesson 1

Ngo⁵ hai⁶ Hon⁴ gwok³ yan⁴

我 係 韓 國 人。

저는 한국인이에요.

단어 알아보GO!

Track 1-01

	광둥어	중국어	영어	한국어
1	ngo⁵ 我	wǒ 我	I / me	⑭ 나
2	ngo⁵ dei⁶ 我哋	wǒ men 我们	We / us	⑭ 우리
3	nei⁵ 你	nǐ 你	You	⑭ 너, 당신
4	nei⁵ dei⁶ 你哋	nǐ men 你们	You (pl.)	⑭ 너희들, 당신들
5	köü⁵ 佢	tā / tā 他 / 她	He / him / she / her	⑭ 그, 그녀
6	köü⁵ dei⁶ 佢哋	tā men / tā men 他们 / 她们	They / them	⑭ 그들, 그녀들
7	bin¹ wai² 邊位	nǎ wèi 哪位	Who	⑭ 누구
8	bin¹ go³ 邊個	shéi / nǎ ge 谁 / 哪个	Who / which	⑭ 누구, 어떤 것
9	bin¹ dou⁶ yan⁴ 邊度人	nǎ li rén 哪里人	What nationality	⑭ 어느 나라 사람
10	siu² zhe² 小姐	xiǎo jie 小姐	Miss / Ms.	⑲ 아가씨(미혼 여성)

	광둥어	중국어	영어	한국어
11	taai³ taai² 太太	tài tai 太太	Mrs. / wife	⑲ 부인, 아내 (기혼 여성을 부르는 말)
12	sin¹ saang¹ 先生	xiān sheng 先生	Mr. / husband	⑲ 씨, 선생 (성인 남자에 대한 존칭)
13	dung² si⁶ zhöng² 董事長	dǒng shì zhǎng 董事長	Director	⑲ 이사장
14	zhung² ging¹ lei⁵ 總經理	zǒng jīng lǐ 总经理	General manager	⑲ 사장, 최고 경영자
15	ging¹ lei⁵ 經理	jīng lǐ 经理	Manager	⑲ 부장, 매니저
16	gung¹ si¹ zhik¹ yün⁴ 公司職員	gōng sī zhí yuán 公司职员	Office staff	⑲ 회사원
17	bei³ sü¹ 秘書	mì shū 秘书	Secretary	⑲ 비서
18	ga¹ ting⁴ zhü² fu⁵ 家庭主婦	jiā tíng zhǔ fù 家庭主妇	Housewife	⑲ 가정주부
19	lou⁵ si¹ 老師	lǎo shī 老师	Teacher	⑲ 선생님
20	löt⁶ si¹ 律師	lǜ shī 律师	Lawyer	⑲ 변호사
21	wui⁶ gai³ si¹ 會計師	kuài jì shī 会计师	Accountant	⑲ 회계사
22	chit³ gai³ si¹ 設計師	shè jì shī 设计师	Designer	⑲ 디자이너
23	gung¹ ching⁴ si¹ 工程師	gōng chéng shī 工程師	Engineer	⑲ 엔지니어
24	yi¹ sang¹ 醫生	yī shēng 医生	Doctor	⑲ 의사
25	wu⁶ si⁶ 護士	hù shi 护士	Nurse	⑲ 간호사
26	si⁶ ying³ 侍應	fú wù yuán 服务员	Waiter / waitress	⑲ 종업원, 웨이터

Lesson 1

광둥어	중국어	영어	한국어
27	Ying¹gwok³ 英國	Yīng guó 英国	United Kingdom	명 영국
28	Mei⁵ gwok³ 美國	Měi guó 美国	United States	명 미국
29	Höng¹ gong² 香港	Xiāng gǎng 香港	Hong Kong	명 홍콩
30	Zhung¹ gwok³ 中國	Zhōng guó 中国	China	명 중국
31	Yat⁶ bun² 日本	Rì běn 日本	Japan	명 일본
32	Hon⁴ gwok³ 韓國	Hán guó 韩国	South Korea	명 한국
33	Faat³ gwok³ 法國	Fǎ guó 法国	France	명 프랑스
34	Dak¹ gwok³ 德國	Dé guó 德国	Germany	명 독일
35	Taai³ gwok³ 泰國	Tài guó 泰国	Thailand	명 태국
36	Yüt⁶ naam⁴ 越南	Yuè nán 越南	Vietnam	명 베트남
37	yan⁴ 人	rén 人	Person from a specific country	명 사람
38	dou¹ 都	yě 也	Too / as well / also	부 ~도
39	hai⁶ 係	shì 是	Be	동 ~이다
40	dou¹ hai⁶ / dou¹ 都係 / 都	dōu shì / dōu 都是 / 都	Be also······ / be······as well / too	~은(는) 모두 ~이다
41	m⁴ 唔	bù 不	Not	부 ~이(가) 아니다, ~하지 않다
42	m⁴ hai⁶ 唔係	bú shì 不是	Be not / no	~이(가) 아니다
43	sing³ 姓	xìng 姓	One's surname is······	동 성이 ~이다

NOTE

① 나라 + 人 = 국적

국적	
Ying¹ gwok³ yan⁴ 英國人	영국인
Mei⁵ gwok³ yan⁴ 美國人	미국인
Zhung¹ gwok³ yan⁴ 中國人	중국인
Faat³ gwok³ yan⁴ 法國人	프랑스인
Taai³ gwok³ yan⁴ 泰國人	태국인

② 중국의 흔한 성씨

Chan⁴ 陳	진	Lei⁵ 李	이	Zhöng¹ 張	장	Wong⁴ 黃	황
Ho⁴ 何	하	Lam⁴ 林	임(림)	Ng⁴ 吳	오	Zheng⁶ 鄭	정
Choi³ 蔡	채	Sou¹ 蘇	소	Sün¹ 孫	손	Zhau¹ 周	주
Yöng⁴ 楊	양	Lau⁴ 劉	유(류)	Zhiu⁶ 趙	조	Löng⁴ 梁	양(량)
Fung⁴ 馮	풍	Zhe⁶ 謝	사	Au¹ yöng⁴ 歐陽	구양	Si¹ tou⁴ 司徒	사도

③ 호칭 줄임말

Chan⁴ taai³ taai² 陳太太	→	Chan⁴ taai² 陳~~太~~太	=	Chan⁴ taai² 陳太	진 여사님
Lau⁴ sin¹ saang¹ 劉先生	→	Lau⁴ saang¹ 劉~~先~~生	=	Lau⁴ saang¹ 劉生	유 선생님

* '아가씨(小姐, siu² zhe²)'는 줄임말이 없습니다.

어휘 늘리GO!

직업

lou⁵ si¹
老師
lǎo shī
老师
Teacher
선생님

ga¹ ting⁴ zhü² fu⁵
家庭主婦
jiā tíng zhǔ fù
家庭主妇
Housewife
가정주부

si⁶ ying³
侍應
fú wù yuán
服务员
Waiter / Waitress
종업원, 웨이터

löt⁶ si¹
律師
lǜ shī
律师
Lawyer
변호사

dung² si⁶ zhöng²
董事長
dǒng shì zhǎng
董事长
Director
이사장

zhung² ging¹ lei⁵
總經理
zǒng jīng lǐ
总经理
General manager
사장, 최고 경영자

gung¹ ching⁴ si¹
工程師
gōng chéng shī
工程师
Engineer
엔지니어

ging¹ lei⁵
經理
jīng lǐ
经理
Manager
부장, 매니저

gung¹ si¹ zhik¹ yün⁴
公司職員
gōng sī zhí yuán
公司职员
Office staff
회사원

yi¹ sang¹
醫生
yī shēng
医生
Doctor
의사

wu⁶ si⁶
護士
hù shi
护士
Nurse
간호사

chit³ gai³ si¹
設計師
shè jì shī
设计师
Designer
디자이너

bei³ sü¹
秘書
mì shū
秘书
Secretary
비서

wui⁶ gai³ si¹
會計師
kuài jì shī
会计师
Accountant
회계사

Zhung[1] wok[3]
中國
Zhōng guó
中国
China
중국

Yat[6] bun[2]
日本
Rì běn
日本
Japan
일본

Hon[4] gwok[3]
韓國
Hán guó
韩国
South Korea
한국

Höng[1] gong[2]
香港
Xiāng gǎng
香港
Hong Kong
홍콩

Taai[3] gwok[3]
泰國
Tài guó
泰国
Thailand
태국

Yüt[6] naam[4]
越南
Yuè nán
越南
Vietnam
베트남

Ying[1] gwok[3]
英國
Yīng guó
英国
United Kingdom
영국

Mei[5] gwok[3]
美國
Měi guó
美国
United States
미국

Faat[3] gwok[3]
法國
Fǎ guó
法国
France
프랑스

Dak[1] gwok[3]
德國
Dé guó
德国
Germany
독일

광둥어	중국어
1 Nei⁵ hou² ma³? 你好嗎?	Nǐ hǎo ma? 你好吗?
2 Gei¹ hou². 幾好。	Hěn hǎo. 很好。
3 Nei⁵ hou², ngo⁵ giu³ zhou⁶……． 你好，我叫做……。	Nǐ hǎo, wǒ jiào……． 你好，我叫……。
4 Nei⁵ ne¹? 你呢？	Nǐ ne? 你呢？
5 Nei⁵ giu³ zhou⁶ mat¹ ye⁵ meng² a³? 你叫做乜嘢名呀？	Nǐ jiào shén me míng zi a? 你叫什么名字啊？
6 Hou² gou¹ hing³ ying⁶ sik¹ nei⁵. 好高興認識你。	Hěn gāo xìng rèn shi nǐ. 很高兴认识你。
7 Zhou² san⁴. 早晨。	Zǎo shang hǎo. 早上好。
8 Yat¹ zhan⁶ gin³. 一陣見。	Yí huìr jiàn. / Dài huìr jiàn. 一会儿见。/待会儿见。
9 Hou² noi⁶ mou⁵ gin³. 好耐冇見。	Hěn jiǔ méi jiàn. 很久没见。

영어	한국어
How are you?	잘 지내세요?
Pretty good.	잘 지내요.
Hello. My name is…….	안녕하세요. 저는 ~예요.
What about you? / And you?	당신은요?
What is your name?	당신의 이름은 무엇이에요?
Nice to meet you.	만나서 반가워요.
Good morning.	좋은 아침이에요.
See you later.	이따가 봐요.
I haven't seen you for a long time.	오랜만이에요.

| 10 | M⁴ hou² yi³ si³.
唔好意思。 | Bù hǎo yì si.
不好意思。 |

* '唔好意思'는 가볍게 사과할 때 사용하는 표현입니다.

| 11 | Hai⁶ a⁴.
係呀。 | Shì.
是。 |

| 12 | Döü³ m⁴ zhü⁶.
對唔住。 | Duì bu qǐ.
对不起。 |

* '對唔住'는 정중하게 사과할 때 사용하는 표현입니다.

| 13 | M⁴ gan² yiu³.
唔緊要。 | Méi guān xi. / Bú yào jǐn.
没关系。/不要紧。 |

| 14 | M⁴ goi¹.
唔該。 | Bù hǎo yì si. / Xiè xie.
不好意思。/谢谢。 |

* '唔該'는 누군가에게 도움을 요청하거나 양해를 구할 때, 또는 감사를 표할 때 쓸 수 있는 표현입니다.
  도움을 요청하거나 양해를 구할 때는 '唔該'을 문장의 맨 앞에 사용하고, 감사를 표할 때는 문장의 맨 뒤에 사용합니다.

| 15 | Do¹ zhe⁶.
多謝。 | Xiè xie.
谢谢。 |

* '多謝'는 감사를 표하거나 칭찬을 받았을 때 쓸 수 있는 표현입니다.

| 16 | M⁴ sai² haak³ hei³.
唔使客氣。 | Bú yòng kè qi.
不用客气。 |

영어	한국어
Excuse me. / Sorry.	실례합니다, 미안합니다.
Oh, I see.	네.
I am sorry.	죄송합니다.
Never mind.	괜찮습니다.
Excuse me. / Thank you.	실례합니다, 미안합니다, 감사합니다.
Thank you.	감사합니다.
You're welcome.	괜찮습니다.

① 긍정문: 주어 + 係(~이다) + 명사

주어는 명사입니다.

광둥어	중국어
1	Ngo⁵ hai⁶ ging¹ lei⁵. 我係經理。	Wǒ shì jīng lǐ. 我是经理。
2	Lou⁵ si¹ hai⁶ Höng¹ gong² yan⁴. 老師係香港人。	Lǎo shī shì Xiāng gǎng rén. 老师是香港人。
3	Yi¹ sang¹ hai⁶ Dak¹ gwok³ yan⁴. 醫生係德國人。	Yī shēng shì Dé guó rén. 医生是德国人。

② 부정문: 주어 + 唔係(~이 아니다) + 명사

주어는 명사가 아닙니다.

광둥어	중국어
1	Köü⁵ m⁴ hai⁶ bei³ sü¹. 佢唔係秘書。	Tā bú shì mì shū. 她不是秘书。
2	Zhöng¹ taai³ taai² m⁴ hai⁶ ga¹ ting⁴ zhü² fu⁵. 張太太唔係家庭主婦。	Zhāng tài tai bú shì jiā tíng zhǔ fù. 張太太不是家庭主妇。
3	Chit³ gai³ si¹ m⁴ hai⁶ Zhung¹ gwok³ yan⁴. 設計師唔係中國人。	Shè jì shī bú shì Zhōng guó rén. 设计师不是中国人。

영어	한국어
I am a manager.	저는 매니저예요.
The teacher is a Hong Konger.	선생님은 홍콩인이에요.
The doctor is German.	의사 선생님은 독일인이에요.

영어	한국어
She is not a secretary.	그녀는 비서가 아니에요.
Mrs. Cheung is not a housewife.	장 여사님은 가정주부가 아니에요.
The designer is not Chinese.	디자이너는 중국인이 아니에요.

3_1 의문문 A: 주어 + **係 唔係**(~인지, 아닌지) + 명사 + 呀?

긍정 부정

주어는 명사인가요, 아닌가요?

	광둥어	중국어
1	Nei⁵ hai⁶ m⁴ hai⁶ Höng¹ gong² yan⁴ a³? 你係唔係香港人呀?	Nǐ shì Xiāng gǎng rén ma? 你是香港人吗?
2	Zhung² ging¹ lei⁵ hai⁶ m⁴ hai⁶ Ying¹ gwok³ yan⁴ a³? 總經理係唔係英國人呀?	Zǒng jīng lǐ shì Yīng guó rén ma? 总经理是英国人吗?
3	Lau⁴ siu² zhe² hai⁶ m⁴ hai⁶ wu⁶ si⁶ a³? 劉小姐係唔係護士呀?	Liú xiǎo jie shì hù shi ma? 刘小姐是护士吗?

3_2 의문문 B: 주어 + **係**(~이다) + **의문대사** + 呀?

주어는 의문대사인가요?

	광둥어	중국어
1	Nei⁵ hai⁶ bin¹ dou⁶ yan⁴ a³? 你係邊度人呀?	Nǐ shì nǎ li rén? 你是哪里人?
2	Köü⁵ hai⁶ bin¹ go³a³?/ bin wai² a³? 佢係邊個呀?/邊位呀?	Tā shì shéi?/ nǎ wèi? 他是谁?/哪位?
3	Köü⁵ dei⁶ hai⁶ bin¹ dou⁶ yan⁴ a³? 佢哋係邊度人呀?	Tā men/Tā men shì nǎ li rén? 他们/她们是哪里人?

영어	한국어
Are you a Hong Konger?	당신은 홍콩인인가요, 아닌가요?
Is the general manager British?	사장님은 영국인인가요, 아닌가요?
Is Miss Lau a nurse?	미스 유는 간호사인가요, 아닌가요?

영어	한국어
What is your nationality?	당신은 어느 나라 사람이에요?
Who is he?	그는 누구예요?
What is their nationality?	그들/그녀들은 어느 나라 사람이에요?

④ '~도'를 포함한 긍정문: 주어 + 都係(~도 ~이다) + 명사
주어도 명사입니다.

	광둥어	중국어
1	Ngo[5] dei[6] dou[1] hai[6] Ying[1] gwok[3] yan[4]. 我哋都係英國人。	Wǒ men yě shì Yīng guó rén. 我们也是英国人。
2	Köü[5] dou[1] hai[6] si[6] ying[3]. 佢都係侍應。	Tā yě shì fú wù yuán. 他也是服务员。
3	Dung[2] si[6] zhöng[2] dou[1] hai[6] Faat[3] gwok[3] yan[4]. 董事長都係法國人。	Dǒng shì zhǎng yě shì Fǎ guó rén. 董事长也是法国人。

⑤ '~도'를 포함한 부정문: 주어 + 都唔係(~도 ~이 아니다) + 명사
주어도 명사가 아닙니다.

	광둥어	중국어
1	Köü[5] dei[6] dou[1] m[4] hai[6] wui[6] gai[3] si[1]. 佢哋都唔係會計師。	Tā men/Tā men yě bú shì kuài jì shī. 他们/她们也不是会计师。
2	Löt[6] si[1] dou[1] m[4] hai[6] Taai[3] gwok[3] yan[4]. 律師都唔係泰國人。	Lǜ shī yě bú shì Tài guó rén. 律师也不是泰国人。
3	Gung[1] ching[4] si[1] dou[1] m[4] hai[6] Mei[5] gwok[3] yan[4]. 工程師都唔係美國人。	Gōng chéng shī yě bú shì Měi guó rén. 工程师也不是美国人。

영어	한국어
We are British too.	우리도 영국인이에요.
He is a waiter too.	그도 종업원이에요.
The director is French too.	이사장님도 프랑스인이에요.

영어	한국어
They are not accountants either.	그들/그녀들도 회계사가 아니에요.
The lawyer is not Thai either.	변호사도 태국인이 아니에요.
The engineer is not American either.	엔지니어도 미국인이 아니에요.

⑥ '~도'를 포함한 의문문: 주어 + **係唔係**(~인지, 아닌지) + **都係**(~도 ~이다)
+ 명사 + 呀?
주어도 명사인가요, 아닌가요?

	광둥어	중국어
1	Nei⁵ dei⁶ hai⁶ m⁴ hai⁶ dou¹ hai⁶ Hon⁴ gwok³ yan⁴ a³? 你哋係唔係都係韓國人呀?	Nǐ men yě shì Hán guó rén ma? 你们也是韩国人吗?
2	Wong⁴ sin¹ saang¹ hai⁶ m⁴ hai⁶ dou¹ hai⁶ gung¹ si¹ zhik¹ yün⁴ a³? 黃先生係唔係都係公司職員呀?	Huáng xiān sheng yě shì gōng sī zhí yuán ma? 黃先生也是公司职员吗?
3	Köü⁵ hai⁶ m⁴ hai⁶ dou¹ hai⁶ Yüt⁶ naam⁴ yan⁴ a³? 佢係唔係都係越南人呀?	Tā / Tā yě shì Yuè nán rén ma? 他 / 她也是越南人吗?

Tip

'係唔係都係 hai⁶ m⁴ hai⁶ dou¹ hai⁶'의 줄임말은 '係咪都係 hai⁶ mai⁶ dou¹ hai⁶'입니다.

영어	한국어
Are you Korean too?	당신들도 한국인인가요, 아닌가요?
Is Mr. Wong an office staff too?	황 선생님도 회사원인가요, 아닌가요?
Is he / she Vietnamese too?	그/그녀도 베트남인인가요, 아닌가요?

Track 1-04

광둥어

1

Nei⁵ hou²! Ngo⁵ sing³ Wong⁶.

你好！我姓黃。

2

Ngo⁵ hai⁶ Ying¹ gwok³ yan⁴, nei⁵ ne¹?

我係英國人，你呢？

3

Ⓐ Nei⁵ hai⁶ m⁴ hai⁶ Höng¹ gong² yan⁴ a³?
你係唔係香港人呀？

Ⓑ Ngo⁵ m⁴ hai⁶ Höng¹ gong² yan⁴,
我唔係香港人，

ngo⁵ hai⁶ Ying¹ gwok³ yan⁴.
我係英國人。

4

Ⓐ Köü⁵ ne¹? Köü⁵ hai⁶ bin¹ dou⁶ yan⁴ a³?
佢呢？佢係邊度人呀？

Ⓑ Köü⁵ dou¹ hai⁶ Ying¹ gwok³ yan⁴.
佢都係英國人。

5

Ⓐ Nei⁵ giu³ zhou⁶ mat¹ ye⁵ meng² a³?
你叫做乜嘢名呀？

Ⓑ Ngo⁵ giu³ zhou⁶ Yöng⁴ Siu² Mei⁵.
我叫做楊小美。

중국어	한국어
Nǐ hǎo! Wǒ xìng Huáng. 你好！我姓黄。	안녕하세요! 저는 성이 황 씨예요.
Wǒ shì Yīng guó rén, nǐ ne? 我是英国人，你呢？	저는 영국인이에요. 당신은요?
Ⓐ Nǐ shì bu shì Xiāng gǎng rén? 你是不是香港人？ Ⓑ Wǒ bú shì Xiāng gǎng rén, 我不是香港人， wǒ shì Yīng guó rén. 我是英国人。	Ⓐ 당신은 홍콩인인가요, 아닌가요? Ⓑ 저는 홍콩인이 아니에요. 저는 영국인이에요.
Ⓐ Tā ne? Tā shì nǎ li rén? 他呢？他是哪里人？ Ⓑ Tā yě shì Yīng guó rén. 他也是英国人。	Ⓐ 그는요? 그는 어느 나라 사람이에요? Ⓑ 그도 영국인이에요.
Ⓐ Nǐ jiào shén me míng zi? 你叫什么名字？ Ⓑ Wǒ jiào Yáng Xiǎo Měi. 我叫杨小美。	Ⓐ 당신의 이름은 무엇이에요? Ⓑ 저는 양소미라고 해요.

6

Yöng⁴ siu² zhe², zhou² san⁴.
楊小姐，早晨。

7

Wong⁴ saang¹, nei⁵ hou² ma³?
Ⓐ 黃生，你好嗎？

Gei² hou².
Ⓑ 幾好。

8

Ngo⁵ dei⁶ hai⁶ lou⁵ si¹.
Ⓐ 我哋係老師。

Nei⁵ dei⁶ hai⁶ m⁴ hai⁶ lou⁵ si¹ a³?
你哋係唔係老師呀？

Ngo⁵ dei⁶ m⁴ hai⁶ lou⁵ si¹, ngo⁵ dei⁶ hai⁶ gung¹ si¹ zhik¹ yün⁴.
Ⓑ 我哋唔係老師，我哋係公司職員。

9

Köü⁵ dei⁶ ne¹?
Ⓐ 佢哋呢？

Köü⁵ dei⁶ hai⁶ m⁴ hai⁶ dou¹ hai⁶ gung¹ si¹ zhik¹ yün⁴ a³?
佢哋係唔係都係公司職員呀？

M⁴ hai⁶, köü⁵ dei⁶ hai⁶ ga¹ ting⁴ zhü² fu⁵.
Ⓑ 唔係，佢哋係家庭主婦。

Hai⁶ a⁴······.
Ⓐ 係呀······。

중국어	한국어

Yáng xiǎo jie, zǎo shang hǎo.
杨小姐，早上好。

미스 양, 좋은 아침이에요.

Huáng xiān sheng, nǐ hǎo ma?
Ⓐ 黄先生，你好吗？

Ⓐ 황 선생님, 잘 지내세요?

Wǒ hěn hǎo.
Ⓑ 我很好。

Ⓑ 저는 잘 지내요.

Wǒ men shì lǎo shī.
Ⓐ 我们是老师。

Nǐ men shì bu shì lǎo shī?
你们是不是老师？

Wǒ men bú shì lǎo shī, shì gōng sī zhí yuán.
Ⓑ 我们不是老师，是公司职员。

Ⓐ 저희는 선생님이에요.
당신들은 선생님인가요, 아닌가요?

Ⓑ 저희는 선생님이 아니에요. 회사원이에요.

Tā men ne?
Ⓐ 她们呢？

Tā men shì bu shì yě shì gōng sī zhí yuán?
她们是不是也是公司职员？

Bú shì, tā men shì jiā tíng zhǔ fù.
Ⓑ 不是，她们是家庭主妇。

Shì a…….
Ⓐ 是啊……。

Ⓐ 그녀들은요?
그녀들도 회사원인가요, 아닌가요?

Ⓑ 아니요. 그녀들은 가정주부예요.

Ⓐ 그렇군요.

1 다음 제시된 발음을 보고 광둥어로 써 보세요.

> 예시 Nei⁵ giu³ zhou⁶ mat¹ ye⁵ meng² a³?   당신의 이름은 무엇이에요?
>
> ➡ <u>你叫做乜嘢名呀？</u>

① Lou⁵ si¹ hai⁶ Höng¹ gong² yan⁴.   선생님은 홍콩인이에요.

➡ _____ 。

② Köü⁵ m⁴ hai⁶ bei³ sü¹.   그녀는 비서가 아니에요.

➡ _____ 。

③ Nei⁵ hai⁶ bin¹ dou⁶ yan⁴ a³?   당신은 어느 나라 사람이에요?

➡ _____ ?

2 다음 제시된 문장을 보고 광둥어 발음을 써 보세요.

> 예시 你係唔係英國人呀？   당신은 영국인인가요, 아닌가요?
>
> ➡ <u>Nei⁵ hai⁶ m⁴ hai⁶ Ying¹ gwok³ yan⁴ a³?</u>

① 你係唔係美國人呀？   당신은 미국인인가요, 아닌가요?

➡ _____ ?

② 老師係唔係都係中国人呀？   선생님도 중국인인가요, 아닌가요?

➡ _____ ?

③ 你係唔係工程師呀？   당신은 엔지니어인가요, 아닌가요?

➡ _____ ?

3 다음 문장을 한국어로 해석해 보세요.

> 예시 我係經理。
>
> ➡ <u>저는 매니저예요.</u>

① 我唔係香港人。

➡ _____ .

② 佢哋都唔係會計師。

➡ _____ .

③ 陳太太唔係家庭主婦。

➡ _____ .

4 다음 문장을 제시어에 맞는 문장으로 바꿔 보세요.

> 예시 Ngo⁵ / Hon⁴ gwok³ yan⁴   저는 한국인이에요.
>
> ➡ <u>Ngo⁵ hai⁶ Hon⁴ gwok³ yan⁴.</u> 긍정문

① Ngo⁵ / Taai³ gwok³ yan⁴   저는 태국인이에요.

➡ _____ . 긍정문

② Köü⁵ / zhung² ging¹ lei⁵   그/그녀는 사장님이 아니에요.

➡ _____ . 부정문

③ Köü⁵ dei⁶ / dou¹ / yi¹ sang¹   그들/그녀들도 의사가 아니에요.

➡ _____ . 부정문

5 녹음을 듣고 올바른 정답을 골라 써 보세요.

(1) Ngo⁵ hai⁶ 〔　　　　　　　　〕 .

   ⓐ Höng¹ gong² yan⁴   ⓑ Yat⁶ bun² yan⁴   ⓒ Ying¹ gwok³ yan⁴

(2) Köü⁵ m⁴ hai⁶ 〔　　　　　　　　〕 .

   ⓐ Yat⁶ bun² yan⁴   ⓑ Faat³ gwok³ yan⁴   ⓒ Zhung¹ gwok³ yan⁴

(3) Zhöng¹ taai³ taai² m⁴ hai⁶ 〔　　　　　　　　〕 .

   ⓐ ging¹ lei⁵   ⓑ ga¹ ting⁴ zhü² fu⁵   ⓒ wui⁶ gai³ si¹

(4) Wong⁶ sin¹ saang¹ m⁴ hai⁶ 〔　　　　　　　　〕 .

   ⓐ chit³ gai³ si¹   ⓑ dung² si⁶ zhöng²   ⓒ yi¹ sang¹

(5) Köü⁵ dei⁶ dou¹ hai⁶ 〔　　　　　　　　〕 .

   ⓐ löt⁶ si¹   ⓑ gung¹ si¹ zhik¹ yün⁴   ⓒ lou⁵ si¹

(6) Köü⁵ dei⁶ hai⁶ m⁴ hai⁶ dou¹ hai⁶ 〔　　　　　　　　〕 a³?

   ⓐ Yat⁶ bun² yan⁴   ⓑ Höng¹ gong² yan⁴   ⓒ Hon⁴ gwok³ yan⁴

Lesson 2

Köü⁵ taai³ taai² lai⁴ m⁴ lai⁴ a³

佢 太 太 嚟 唔 嚟 呀?

그의 아내는 오나요, 오지 않나요?

단어 알아보GO!

Track 2-01

	광둥어	중국어	영어	한국어
1	ni¹ dou⁶ 呢度	zhè li / zhèr 这里 / 这儿	Here	⑷ 여기

* '呢'는 ni¹ 혹은 nei¹로도 발음이 가능합니다.

	광둥어	중국어	영어	한국어
2	go² dou⁶ 嗰度	nà li / nàr 那里 / 那儿	There / over there	⑷ 저기, 거기
3	bin¹ dou⁶ 邊度	nǎ li / nǎr 哪里 / 哪儿	Where	⑷ 어디
4	nguk¹ kei² yan⁴ 屋企人	jiā rén 家人	Family / family member	⑲ 가족
5	fu⁶ mou⁵ 父母	fù mǔ 父母	Parents	⑲ 부모님
6	hing¹ dai⁶ zhi² mui⁶ 兄弟姊妹	xiōng dì jiě mèi 兄弟姐妹	Siblings	⑲ 형제자매
7	lou⁵ gung¹ / sin¹ saang¹ 老公 / 先生	lǎo gōng / xiān sheng 老公 / 先生	Husband	⑲ 남편
8	lou⁵ po⁴ / taai³ taai² 老婆 / 太太	lǎo pó / tài tai 老婆 / 太太	Wife	⑲ 아내

	광둥어	중국어	영어	한국어
9	gung⁴ gung¹ 公公	wài gōng 外公	Grandfather on mother's side	몡 외할아버지
10	po⁴ po² 婆婆	wài pó 外婆	Grandmother on mother's side	몡 외할머니
11	ye⁴ ye² 爺爺	yé ye 爷爷	Grandfather on father's side	몡 친할아버지
12	ma⁴ ma⁴ 嫲嫲	nǎi nai 奶奶	Grandmother on father's side	몡 친할머니
13	a³ baak³ 阿伯	lǎo yé ye 老爷爷	Elderly man	몡 할아버지
14	a³ po⁴ 阿婆	lǎo nǎi nai 老奶奶	Elderly woman	몡 할머니
15	ba⁴ ba¹ / de¹ di⁴ 爸爸 / 爹啲	bà ba / fù qīn 爸爸 / 父亲	Father	몡 아버지
16	ma⁴ ma¹ / ma¹ mi⁴ 媽媽 / 媽咪	mā ma / mǔ qīn 妈妈 / 母亲	Mother	몡 어머니
17	go⁴ go¹ / a³ go¹ 哥哥 / 阿哥	gē ge 哥哥	Elder brother	몡 형, 오빠
18	zhe⁴ zhe¹ / ga¹ zhe¹ 姐姐 / 家姐	jiě jie 姐姐	Elder sister	몡 누나, 언니
19	dai⁶ dai² / sai³ lou² 弟弟 / 細佬	dì di 弟弟	Younger brother	몡 남동생
20	mui⁴ mui² / sai³ mui² 妹妹 / 細妹	mèi mei 妹妹	Younger sister	몡 여동생
21	tung⁴ si⁶ 同事	tóng shì 同事	Colleague	몡 동료
22	pang⁴ yau⁵ 朋友	péng you 朋友	Friend	몡 친구

	광둥어	중국어	영어	한국어
23	siu^{2} pang^{4} yau^{5} 小朋友	hái zi 孩子	Child	⑲ 어린이, 아이
24	haak^{3} (yan^{4}) 客(人)	kè rén / kè hù 客人 / 客户	Guest / client	⑲ 고객, 손님
25	hok^{6} haau^{6} 學校	xué xiào 学校	School	⑲ 학교
26	gung^{1} si^{1} 公司	gōng sī 公司	Company / office	⑲ 회사
27	ngan^{4} hong^{4} 銀行	yín háng 银行	Bank	⑲ 은행
28	yi^{1} yün^{2} 醫院	yī yuàn 医院	Hospital	⑲ 병원
29	chiu^{1} kap^{1} si^{5} chöng^{4} 超級市場	chāo shì 超市	Supermarket	⑲ 슈퍼마켓
30	bin^{6} lei^{6} dim^{3} 便利店	biàn lì diàn 便利店	Convenience store	⑲ 편의점
31	baak^{3} fo^{3} gung^{1} si^{1} 百貨公司	bǎi huò shāng diàn / bǎi huò gōng sī 百货商店 / 百货公司	Department store	⑲ 백화점
32	yau^{4} guk^{2} 郵局	yóu jú 邮局	Post office	⑲ 우체국
33	mei^{5} yung^{4} yün^{2} 美容院	měi róng yuàn 美容院	Beauty salon	⑲ 미용실
34	faat^{3} ying^{4} nguk^{1} 髮型屋	lǐ fà diàn 理发店	Hair salon	⑲ 이발소, 헤어숍
35	chaan^{1} teng^{1} 餐廳	fàn diàn / cān tīng 饭店 / 餐厅	Restaurant	⑲ 식당, 레스토랑
36	zhau^{2} dim^{3} 酒店	jiǔ diàn 酒店	Hotel	⑲ 호텔

	광둥어	중국어	영어	한국어
37	cha⁴ chaan¹ teng¹ 茶餐廳	chá cān tīng 茶餐厅	Hong Kong style cafeteria	몡 홍콩식 식당 (차를 마시면서 식사하는 곳)
38	sü¹ guk² 書局	shū diàn 书店	Bookstore	몡 서점
39	lai⁴ 嚟	lái 来	Come	됭 오다
40	höü³ 去	qù 去	Go	됭 가다
41	sik⁶ 食	chī 吃	Eat	됭 먹다
42	yam² 飲	hē 喝	Drink	됭 마시다
43	maai⁵ 買	mǎi 买	Buy	됭 사다
44	maai⁶ 賣	mài 卖	Sell	됭 팔다
45	yiu³ 要	yào 要	Need / want	됭 원하다, 필요하다
46	tai² 睇	kàn 看	See / look / watch / read	됭 보다
47	teng¹ 聽	tīng 听	Hear / listen	됭 듣다
48	tung⁴ (maai⁴) 同(埋)	hé / gēn / tóng 和/跟/同	And / with	갠 ~와(과)

1

gung⁴ gung¹

公公

wài gōng

外公

Grandfather on mother's side

외할아버지

2

po⁴ po²

婆婆

wài pó

外婆

Grandmother on mother's side

외할머니

3

ye⁴ ye²

爺爺

yé ye

爷爷

Grandfather on father's side

친할아버지

4

ma⁴ ma⁴

嫲嫲

nǎi nai

奶奶

Grandmother on father's side

친할머니

5

ba⁴ ba¹ / de¹ di⁴

爸爸 / 爹哋

bà ba / fù qīn

爸爸 / 父亲

Father

아버지

6

ma⁴ ma¹ / ma¹ mi⁴

媽媽 / 媽咪

mā ma / mǔ qīn

妈妈 / 母亲

Mother

어머니

7

zhe⁴ zhe¹ / ga¹ zhe¹

姐姐 / 家姐

jiě jie

姐姐

Elder sister

누나, 언니

8

go⁴ go¹ / a³ go¹

哥哥 / 阿哥

gē ge

哥哥

Elder brother

형, 오빠

9

mui⁴ mui² / sai³ mui²

妹妹 / 細妹

mèi mei

妹妹

Younger sister

여동생

10

dai⁶ dai² / sai³ lou²

弟弟 / 細佬

dì di

弟弟

Younger brother

남동생

| faat³ ying⁴ nguk¹
 髮型屋 <br> lǐ fà diàn
 理发店
 Hair salon
 이발소, 헤어숍 | bin⁶ lei⁶ dim³
 便利店 <br> biàn lì diàn
 便利店
 Convenience store
 편의점 | yau⁴ guk²
 郵局 <br> yóu jú
 邮局
 Post office
 우체국 |

| ngan⁴ hong⁴
 銀行 <br> yín háng
 银行
 Bank
 은행 | mei⁵ yung⁴ yün²
 美容院 <br> měi róng yuàn
 美容院
 Beauty salon
 미용실 | chiu¹ kap¹ si⁵ chöng⁴
 超級市場 <br> chāo shì
 超市
 Supermarket
 슈퍼마켓 |

sü¹ guk²

書局

shū diàn

书店

Bookstore

서점

chaan¹ teng¹

餐廳

fàn diàn / cān tīng

饭店 / 餐厅

Restaurant

식당, 레스토랑

cha⁴ chaan¹ teng¹

茶餐廳

chá cān tīng

茶餐厅

Hong Kong style cafeteria

홍콩식 식당
(차를 마시면서 식사하는 곳)

hok⁶ haau⁶

學校

xué xiào

学校

School

학교

zhau² dim³

酒店

jiǔ diàn

酒店

Hotel

호텔

gung¹ si¹

公司

gōng sī

公司

Company / office

회사

yi¹ yün²

醫院

yī yuàn

医院

Hospital

병원

	광둥어	중국어
1	Da² gaau² saai³. 打攪哂。	Dǎ rǎo le. 打扰了。
2	Ma⁴ faan⁴ saai³. 麻煩哂。	Xiè xie nǐ. 谢谢你。
3	Dim² ching¹ fu¹ a³? 點稱呼呀？	Zěn me chēng hu ya? 怎么称呼呀？
4	Nei⁵ yau⁵ mou⁵……ga³? 你有冇……㗎？	Nǐ yǒu méi yǒu……? 你有没有……？ Nǐ yǒu……ma? 你有……吗？
5	Gam³ aam¹ ge²? 咁啱嘅？	Zhēn qiǎo wa! 真巧哇！
6	Nei⁵ zhou⁶ gan² mat¹ ye⁵ a³? 你做緊乜嘢呀？	Nǐ zài zuò shén me? 你在做什么？
7	Zhöü³ gan⁶ dim² a³? 最近點呀？	Zuì jìn guò de zěn me yàng? 最近过得怎么样？ Zuì jìn hái hǎo ma? 最近还好吗？

영어	한국어
Excuse me for bothering you. (when visiting one's home)	실례합니다.
Thank you so much for your help	감사합니다.
What is your name?	성함이 어떻게 되시나요?
Do you have……?	당신은 ~이(가) 있나요?
What a coincidence!	이런 우연이 있네요!, 정말 공교롭네요!
What are you doing?	당신은 무엇을 하고 있나요?
How are you these days?	요즘 어떻게 지내세요?

	광둥어	중국어
8	Ma⁴ ma² dei² la¹. 麻麻哋啦。	Yì bān bān. 一般般。
9	Daai⁶ ga¹ gam² wa⁶. 大家咁話。	Bǐ cǐ bǐ cǐ. 彼此彼此。
10	Mou⁵ man⁶ tai⁴. 冇問題。	Méi wèn tí. 没问题。
11	Mou⁵ cho³. 冇錯。	Zhèng què. 正确。
12	Gaau² dim⁶. 搞掂。	Wán chéng. 完成。
13	Mou⁵ yan⁴. 冇人。	Méi yǒu rén. 没有人。

영어	한국어
So-so.	그저 그래요.
You too.	당신도요, 피차일반이에요.
No problem.	괜찮아요, 문제없어요.
Correct.	틀림없어요.
Done.	완성했어요, 다 했어요.
Nobody.	아무도 없어요.

문법 다지GO!

① 주어가 두 개인 긍정문: 주어 + 주어 + 係(~이다) + 명사
주어는 명사입니다.

	광둥어	중국어
1	Ngo⁵ taai³ taai² hai⁶ ga¹ ting⁴ zhü² fu⁵. 我太太係家庭主婦。	Wǒ tài tai shì jiā tíng zhǔ fù. 我太太是家庭主妇。
2	Köü⁵ go⁴ go¹ hai⁶ yi¹ sang¹. 佢哥哥係醫生。	Tā gē ge shì yī shēng. 他哥哥是医生。
3	Ngo⁵ dei⁶ ging¹ lei⁵ hai⁶ Yat⁶ bun² yan⁴. 我哋經理係日本人。	Wǒ men jīng lǐ shì Rì běn rén. 我们经理是日本人。

Tip

＊가족관계나 인간관계 호칭은 조사 '의'를 생략할 수 있습니다.
예를 들어 '나의 아내(我的太太)'에서 '의(的)'를 생략하고 '내 아내(我太太)'라고 표현할 수 있습니다.

② 긍정문: 주어 + 동사
주어는 동사입니다.

	광둥어	중국어
1	Köü⁵ lai⁴. 佢嚟。	Tā lái. 她来。
2	Ngo⁵ tung⁴ si⁶ sik⁶. 我同事食。	Wǒ tóng shì chī. 我同事吃。
3	Köü⁵ sai³ lou² yiu³. 佢細佬要。	Tā dì di yào. 他弟弟要。

영어	한국어
My wife is a housewife.	제 아내는 가정주부예요.
His elder brother is a doctor.	그의 형은 의사예요.
Our manager is Japanese.	저희 매니저는 일본인이에요.

영어	한국어
She comes.	그녀는 와요.
My colleague eats it.	제 동료는 먹어요.
His younger brother wants it.	그의 남동생은 원해요.

③ **부정문**: 주어 + 주어 + **唔**(~하지 않다) + 동사
주어는 동사를 하지 않아요.

	광둥어	중국어
1	Ngo⁵ ma⁴ ma¹ m⁴ höü³. 我媽媽唔去。	Wǒ mā ma bú qù. 我妈妈不去。
2	Ngo⁵ nguk¹ kei² yan⁴ m⁴ teng¹. 我屋企人唔聽。	Wǒ jiā rén bù tīng. 我家人不听。
3	Haak³ yan⁴ m⁴ tai². 客人唔睇。	Kè rén bú kàn. 客人不看。

④ **동작/행동에 초점을 맞춘 의문문**: 주어 + **동사 唔동사** + 呀?
　　　　　　　　　　　　　　　　　　　　　　　긍정　부정
주어는 동사를 하나요, 하지 않나요?

	광둥어	중국어
1	Nei⁵ maai⁵ m⁴ maai⁵ a³? 你買唔買呀?	Nǐ mǎi bu mǎi? 你买不买?
2	Köü⁵ taai³ taai² lai⁴ m⁴ lai⁴ a³? 佢太太嚟唔嚟呀?	Tā tài tai lái bu lái? 他太太来不来?
3	Po⁴ po² sik⁶ m⁴ sik⁶ a³? 婆婆食唔食呀?	Wài pó chī bu chī? 外婆吃不吃?

⑤ **대상에 초점을 맞춘 의문문**: **邊個**(누가) + 동사 + 呀?
누가 동사를 하나요?

	광둥어	중국어
1	Bin¹ go³ lai⁴ a³? 邊個嚟呀?	Shéi lái? 谁来?
2	Bin¹ go³ maai⁵ a³? 邊個買呀?	Shéi mǎi? 谁买?

영어	한국어
My mother does not go.	저희 어머니는 가지 않아요.
My family members do not listen.	저희 가족은 듣지 않아요.
The guest does not watch it.	손님은 보지 않아요.

영어	한국어
Do you buy it?	당신은 사나요, 사지 않나요?
Does his wife come?	그의 아내는 오나요, 오지 않나요?
Does grandmother eat it?	외할머니는 드시나요, 드시지 않나요?

영어	한국어
Who comes?	누가 오나요?
Who buys it?	누가 사나요?

광둥어
1	Ngo⁵ taai³ taai² hai⁶ ga¹ ting⁴ zhü² fu⁵. Nei⁵ taai³ taai² ne¹? Ⓐ 我太太係家庭主婦。你太太呢？ Ngo⁵ taai³ taai² m⁴ hai⁶ ga¹ ting⁴ zhü² fu⁵, köü⁵ hai⁶ wui⁶ gai³ si¹. Ⓑ 我太太唔係家庭主婦，佢係會計師。
2	Nei⁵ mui⁴ mui² hai⁶ m⁴ hai⁶ lou⁵ si¹ a³? Ⓐ 你妹妹係唔係老師呀？ Ngo⁵ mui⁴ mui² m⁴ hai⁶ lou⁵ si¹. Ⓑ 我妹妹唔係老師。
3	Ngo⁵ tung⁴ ngo⁵ pang⁴ yau⁵ höü³ cha⁴chaan¹ teng¹, nei⁵ ne¹? Ⓐ 我同我朋友去茶餐廳，你呢？ Ngo⁵ tung⁴ ngo⁵ taai³ taai² dou¹ höü³. Ⓑ 我同我太太都去。
4	Köü⁵ m⁴ yam². Ⓐ 佢唔飲。 Bin¹ go³ yam² a³? Ⓑ 邊個飲呀？ Mou⁵ yan⁴ yam². Ⓐ 冇人飲。

중국어	한국어
Wǒ tài tai shì jiā tíng zhǔ fù. Nǐ tài tai ne? Ⓐ 我太太是家庭主妇。你太太呢？ Wǒ tài tai bú shì jiā tíng zhǔ fù, tā shì kuài jì shī. Ⓑ 我太太不是家庭主妇，她是会计师。	Ⓐ 제 아내는 가정주부예요. 당신의 아내는요? Ⓑ 제 아내는 가정주부가 아니에요. 그녀는 회계사예요.
Nǐ mèi mei shì bu shì lǎo shī? Ⓐ 你妹妹是不是老师？ Wǒ mèi mei bú shì lǎo shī. Ⓑ 我妹妹不是老师。	Ⓐ 당신의 여동생은 선생님인가요, 아닌가요? Ⓑ 제 여동생은 선생님이 아니에요.
Wǒ hé wǒ péng you qù chá cān tīng, nǐ ne? Ⓐ 我和我朋友去茶餐厅，你呢？ Wǒ hé wǒ tài tai yě qù. Ⓑ 我和我太太也去。	Ⓐ 저와 제 친구는 홍콩식 식당에 가요. 당신은요? Ⓑ 저와 제 아내도 가요.
Tā bù hē. Ⓐ 她不喝。 Shéi hē a? Ⓑ 谁喝啊？ Shéi dōu bù hē. Ⓐ 谁都不喝。	Ⓐ 그녀는 마시지 않아요. Ⓑ 누가 마시나요? Ⓐ 아무도 마시지 않아요.

5

A 你爸爸買唔買呀？
Nei⁵ ba⁴ ba¹ maai⁵ m⁴ maai⁵ a³?

B 我爸爸唔買。我媽媽買。
Ngo⁵ ba⁴ ba¹ m⁴ maai⁵. Ngo⁵ ma⁴ ma¹ maai⁵.

6

A 你兄弟姊妹唔要。
Nei⁵ hing¹ dai⁶ zhi² mui⁶ m⁴ yiu³.

B 邊個要呀？
Bin¹ go³ yiu³ a³?

A 我先生同我父母要。
Ngo⁵ sin¹ saang¹ tung⁴ ngo⁵ fu⁶ mou⁵ yiu³.

7

佢朋友聽。
Köü⁵ pang⁴ yau⁵ teng¹.

我同事唔聽。
Ngo⁵ tung⁴ si⁶ m⁴ teng¹.

8

我唔食。
Ngo⁵ m⁴ sik⁶.

我飲。
Ngo⁵ yam².

중국어	한국어
Nǐ bà ba mǎi bu mǎi? Ⓐ 你爸爸买不买？	Ⓐ 당신의 아버지는 사나요, 사지 않나요?
Wǒ bà ba bù mǎi. Wǒ mā ma mǎi. Ⓑ 我爸爸不买。我妈妈买。	Ⓑ 저희 아버지는 사지 않아요. 저희 어머니가 사요.
Nǐ xiōng dì jiě mèi bú yào. Ⓐ 你兄弟姐妹不要。	Ⓐ 당신의 형제자매는 원하지 않아요.
Shéi yào? Ⓑ 谁要？	Ⓑ 누가 원하나요?
Wǒ xiān sheng hé wǒ fù mǔ yào. Ⓐ 我先生和我父母要。	Ⓐ 제 남편과 저희 부모님이 원해요.
Tā péng you tīng. 他朋友听。	그의 친구는 들어요.
Wǒ tóng shì bù tīng. 我同事不听。	제 동료는 듣지 않아요.
Wǒ bù chī. 我不吃。	저는 먹지 않아요.
Wǒ hē. 我喝。	저는 마셔요.

연습 문제 정답 p119

1 다음 제시된 발음을 보고 광둥어로 써 보세요.

> 예시 Nei⁵ maai⁵ m⁴ maai⁵ a³? 당신은 사나요, 사지 않나요?
>
> ➡ 你買唔買呀?

① Ngo⁵ dei⁶ ging¹ lei⁵ hai⁶ Yat⁶ bun² yan⁴. 저희 매니저는 일본인이에요.

➡ _____ 。

② Köü⁵ sai³ lou² yiu³. 그의 남동생은 원해요.

➡ _____ 。

③ Köü⁵ taai³ taai² lai⁴ m⁴ lai⁴ a³? 그의 아내는 오나요, 오지 않나요?

➡ _____ ?

2 다음 제시된 문장을 보고 광둥어 발음을 써 보세요.

> 예시 我媽媽唔去。 저희 어머니는 가지 않아요.
>
> ➡ Ngo⁵ ma⁴ ma¹ m⁴ höü³.

① 佢哥哥係醫生。 그의 형은 의사예요.

➡ _____ .

② 婆婆食唔食呀? 외할머니는 드시나요, 드시지 않나요?

➡ _____ ?

③ 邊個買呀? 누가 사나요?

➡ _____ ?

3 다음 문장을 한국어로 해석해 보세요.

> 예시 我太太係家庭主婦。
>
> ➡ 제 아내는 가정주부예요.

① 你做緊乜嘢呀？

➡ _____ ?

② 你妹妹係唔係老師呀？

➡ _____ ?

③ 我同我朋友去茶餐廳。

➡ _____ .

4 다음 문장을 제시어에 맞는 문장으로 바꿔 보세요.

> 예시 Ngo⁵ / ma⁴ ma¹ / lou⁵ si¹   저희 어머니는 선생님이에요.
>
> ➡ Ngo⁵ ma⁴ ma¹ hai⁶ lou⁵ si¹. 긍정문

① Ngo⁵ / ba⁴ ba¹ / wui⁶ gai³ si¹   저희 아버지는 회계사예요.

➡ _____ . 긍정문

② Ngo⁵ / nguk¹ kei² yan⁴ / teng¹   저희 가족은 듣지 않아요.

➡ _____ . 부정문

③ Nei⁵ / fu⁶ mou⁵ / yiu³   당신의 부모님은 원하나요, 원하지 않나요?

➡ _____ ? 의문문

5 녹음을 듣고 올바른 정답을 골라 써 보세요.

(1) Ngo⁵ _____ .

    ⓐ höü³   ⓑ lai⁴   ⓒ sik⁶

(2) Köü⁵ sin¹ saang¹ dou¹ _____ .

    ⓐ sik⁶   ⓑ maai⁵   ⓒ höü³

(3) Köü⁵ taai³ taai² m⁴ _____ .

    ⓐ yiu³   ⓑ lai⁴   ⓒ yam²

(4) Ngo⁵ tung⁴ si⁶ m⁴ _____ .

    ⓐ maai⁵   ⓑ höü³   ⓒ teng¹

(5) Köü⁵ pang⁴ yau⁵ _____ .

    ⓐ yiu³   ⓑ lai⁴   ⓒ tai²

(6) Ngo⁵ tung⁴ maai⁴ ngo⁵ nguk¹ kei² yan⁴ dou¹ m⁴ _____ .

    ⓐ sik⁶   ⓑ höü³   ⓒ maai⁵

Notes

Lesson 3

Ngo⁵ dei⁵ yam³ yit⁶ ga³ fe¹

我 哋 飲 熱 咖 啡。

저희는 뜨거운 커피를 마셔요.

단어 알아보GO!

Track 3-01

	광둥어	중국어	영어	한국어
1	ni¹ go³ 呢個	zhè ge 这个	This	⒟ 이(것)
2	go² go³ 嗰個	nà ge 那个	That	⒟ 저(것), 그(것)
3	ni¹ di¹ 呢啲	zhè xiē 这些	These	⒟ 이것들

* 복수에는 '個' 대신 '啲'를 사용합니다.

	광둥어	중국어	영어	한국어
4	go² di¹ 嗰啲	nà xiē 那些	Those	⒟ 저것들, 그것들
5	bin¹ di¹ 邊啲	nǎ xiē 哪些	Which ones	⒟ 어떤 것들, 어느 것들
6	min⁶ baau¹ 麵包	miàn bāo 面包	Bread	⒨ 빵
7	daan⁶ gou¹ 蛋糕	dàn gāo 蛋糕	Cake	⒨ 케이크
8	faan⁶ 飯	fàn 饭	Rice	⒨ 밥

광둥어	중국어	영어	한국어
9	min⁶ 麵	miàn 面	Noodles	명 면
10	tim⁴ ban² 甜品	tián pǐn 甜品	Dessert	명 디저트
11	saam¹ man⁴ zhi⁶ 三文治	sān míng zhì 三明治	Sandwich	명 샌드위치
12	hon³ bou² baau¹ 漢堡包	hàn bǎo bāo 汉堡包	Hamburger	명 햄버거
13	yit⁶ gau² 熱狗	rè gǒu 热狗	Hot dog	명 핫도그
14	süt³ gou¹ 雪糕	bīng jī líng / bīng qí lín 冰激凌 / 冰淇淋	Ice-cream	명 아이스크림
15	söü² 水	shuǐ 水	Water	명 물
16	chaang² zhap¹ 橙汁	chéng zhī 橙汁	Orange juice	명 오렌지주스
17	ping⁴ gwo² zhap¹ 蘋果汁	píng guǒ zhī 苹果汁	Apple juice	명 사과주스
18	ngau⁴ naai⁵ 牛奶	niú nǎi 牛奶	Milk	명 우유
19	cha⁴ 茶	chá 茶	Tea	명 차
20	be¹ zhau² 啤酒	pí jiǔ 啤酒	Beer	명 맥주

	광둥어	중국어	영어	한국어
21	tong¹ 湯	tāng 汤	Soup	몡 국
22	hung⁴ zhau² 紅酒	hóng jiǔ / pú táo jiǔ 红酒 / 葡萄酒	Red wine	몡 레드 와인
23	baak⁶ zhau² 白酒	bái pú táo jiǔ 白葡萄酒	White wine	몡 화이트 와인
24	ho² lok⁶ 可樂	kě lè 可乐	Coke	몡 콜라
25	ga³ fe¹ 咖啡	kā fēi 咖啡	Coffee	몡 커피
26	naai⁵ cha⁴ 奶茶	nǎi chá 奶茶	Milk tea	몡 밀크티
27	ning² cha⁴ 檸茶	níng méng chá 柠檬茶	Lemon tea	몡 레몬티
28	yün¹ yöng¹ 鴛鴦	yuān yāng 鸳鸯 nǎi chá jiā kā fēi 奶茶加咖啡	Coffee with milk tea	몡 원앙새 밀크티
29	yin¹ 煙	(xiāng) yān (香)烟	Cigarette	몡 담배
30	bou³ zhi² 報紙	bào zhǐ 报纸	Newspaper	몡 신문(지)
31	zhaap⁶ zhi³ 雜誌	zá zhì 杂志	Magazine	몡 잡지
32	kaat¹ pin² 咭片	míng piàn 名片	Name card	몡 명함
33	mat¹ ye⁵ / me¹ 乜嘢/咩	shén me 什么	What	대 무엇, 무슨

광둥어	중국어	영어	한국어
34	dung³ 凍	lěng 冷	Iced / cold	형 차갑다, 춥다
35	yit⁶ 熱	rè 热	Hot	형 뜨겁다, 덥다
36	nün⁵ 暖	nuǎn 暖	Warm	형 따뜻하다
37	dou¹ 刀	dāo 刀	Knife	명 칼, 나이프
38	cha¹ 叉	chā 叉	Fork	명 포크
39	chi⁴ gang¹ 匙羹	sháo zi 勺子	Spoon	명 숟가락
40	wun² 碗	wǎn 碗	Bowl	명 그릇
41	dip² 碟	dié 碟	Plate	명 접시
42	faai³ zhi² 筷子	kuài zi 筷子	Chopsticks	명 젓가락
43	yam² gwun² 飲管	xī guǎn 吸管	Straw	명 빨대
44	nga⁴ chim¹ 牙籤	yá qiān 牙签	Toothpick	명 이쑤시개
45	ngoi⁶ maai⁶ hap² 外賣盒	wài dài hé 外帶盒	Takeaway Box	명 테이크아웃 용기

어휘 늘리GO!

min⁶ baau¹
麵包
miàn bāo
面包
Bread
빵

daan⁶ gou¹
蛋糕
dàn gāo
蛋糕
Cake
케이크

tim⁴ ban²
甜品
tián pǐn
甜品
Dessert
디저트

ngau⁴ naai⁵
牛奶
niú nǎi
牛奶
Milk
우유

cha⁴
茶
chá
茶
Tea
차

be¹ zhau²
啤酒
pí jiǔ
啤酒
Beer
맥주

hung⁴ zhau²
紅酒
hóng jiǔ / pú táo jiǔ
红酒 / 葡萄酒
Red wine
레드 와인

baak⁶ zhau²
白酒
bái pú táo jiǔ
白葡萄酒
White wine
화이트 와인

ning² cha⁴
檸茶
níng méng chá
柠檬茶
Lemon tea
레몬티

yit⁶ gau²
熱狗
rè gǒu
热狗
Hot dog
핫도그

süt³ gou¹
雪糕
bīng jī líng / bīng qí lín
冰激凌 / 冰淇淋
Ice-cream
아이스크림

bou³ zhi²
報紙
bào zhǐ
报纸
Newspaper
신문(지)

zhaap⁶ zhi³
雜誌
zá zhì
杂志
Magazine
잡지

dou¹
刀
dāo
刀
Knife
칼, 나이프

cha¹
叉
chā
叉
Fork
포크

chi⁴ gang¹
匙羹
sháo zi
勺子
Spoon
숟가락

faai³ zhi²
筷子
kuài zi
筷子
Chopsticks
젓가락

wun²
碗
wǎn
碗
Bowl
그릇

dip²
碟
dié
碟
Plate
접시

yam² gwun²
飲管
xī guǎn
吸管
Straw
빨대

nga⁴ chim¹
牙籤
yá qiān
牙签
Toothpick
이쑤시개

ngoi⁶ maai⁶ hap²
外賣盒
wài dài hé
外带盒
Takeaway Box
테이크아웃 용기

광둥어	중국어

1

Hou² tou⁵ ngo⁶ a³.

好肚餓呀。

Dù zi hǎo è.

肚子好饿。

2

Hou² baau² a³.

好飽呀。

Hǎo bǎo a.

好饱啊。

3

Sik⁶ zho² faan⁶ mei⁶ a³?

食咗飯未呀？

Chī le fàn méi yǒu?

吃了饭没有？

4

Sik⁶ me¹ a³?

食咩呀？

Chī shén me a?

吃什么啊？

5

Ngo⁵ cheng².

我請。

Wǒ qǐng.

我请。

6

M⁴ goi¹, ngoi⁶ maai⁶ a¹.

唔該，外賣吖。

Bù hǎo yì si, wài dài.

不好意思，外带。

I am very hungry.

배가 엄청 고파요.

I am too full.

엄청 배불러요.

Lesson 3

Have you eaten?
(= Hi. / How are you?)

식사하셨어요?

What do you want to eat?

무엇을 드시겠어요?

It's my treat.

제가 살게요.

Take away, please.

실례합니다만, 테이크아웃할게요.

7	M⁴ goi¹, maai⁴ daan¹ a¹. 唔該，埋單吖。	Bù hǎo yì si, jié zhàng. 不好意思，结账。
8	Hai⁶ gam³ do¹ sin¹. 係咁多先。	Xiān zhè yàng hǎo le. 先这样好了。
9	Hai² dou⁶ sik⁶ ding⁶ lo² zhau² a³? 喺度食定攞走呀？	Zài zhèr chī hái shi dài zǒu? 在这儿吃还是带走？
10	M⁴ goi¹ bei²······ngo⁵ a¹. 唔該俾······我吖。	Má fan nǐ gěi wǒ·······. 麻烦你给我······。
11	M⁴ sai² zhaau². 唔使找。	Bú yòng zhǎo. 不用找。

영어	한국어
The bill, please.	실례합니다만, 계산해 주세요.
That's all at the moment.	우선 이렇게 해요.
Eat here or take away?	여기에서 드세요, 아니면 가지고 가세요?
Can you give me…….	실례합니다만, ~좀 주세요.
Keep the change.	거스름돈은 안 주셔도 돼요.

문법 다지GO!
Track 3-03

① 긍정문 A: 주어 + **동사** + **목적어**
주어는 목적어를 동사합니다.

	광둥어	중국어
1	Ngo⁵ sik⁶ saam¹ man⁴ zhi⁶. 我食三文治。	Wǒ chī sān míng zhì. 我吃三明治。
2	Nei⁵ pang⁴ yau⁵ yam² ngau⁴ naai⁵. 你朋友飲牛奶。	Nǐ péng you hē niú nǎi. 你朋友喝牛奶。
3	Köü⁵ sin¹ saang¹ maai⁵ hung⁴ zhau². 佢先生買紅酒。	Tā xiān sheng mǎi hóng jiǔ / pú táo jiǔ. 她先生买红酒/葡萄酒。

② 긍정문 B: 지시대사 + **양사** + 係(~이다) + **명사**
주어는 명사입니다.

	광둥어	중국어
1	Ni¹ wun² hai⁶ min⁶. 呢碗係麵。	Zhè wǎn shì miàn. 这碗是面。
2	Go² gwun³ hai⁶ ho² lok⁶. 嗰罐係可樂。	Nà guàn shì kě lè. 那罐是可乐。
3	Go² zhöng¹ hai⁶ kaat¹ pin². 嗰張係咭片。	Nà zhāng shì míng piàn. 那张是名片。

영어	한국어
I eat a sandwich.	저는 샌드위치를 먹어요.
Your friend drinks milk.	당신의 친구는 우유를 마셔요.
Her husband buys red wine.	그녀의 남편은 레드 와인을 사요.

영어	한국어
This is a bowl of noodles.	이 그릇은 면이에요.
That is a can of Coke.	저 캔은 콜라예요.
That is a piece of name card.	저 장은 명함이에요.

③ **동작/행동에 초점을 맞춘 의문문**: 주어 + **동사** **唔동사** + 목적어 + 呀?
긍정 부정

주어는 목적어를 동사하나요, 하지 않나요?

	광둥어	중국어
1	Köü⁵ sik⁶ m⁴ sik⁶ tim⁴ ban² a³? 佢食唔食甜品呀?	Tā chī tián pǐn ma? 他吃甜品吗?
2	Nei⁵ pang⁴ yau⁵ yam² m⁴ yam² ping⁴ guo² zhap¹ a³? 你朋友飲唔飲蘋果汁呀?	Nǐ péng you hē píng guǒ zhī ma? 你朋友喝苹果汁吗?
3	Haak³ yan⁴ yiu³ m⁴ yiu³ süt³ gou¹ a³? 客人要唔要雪糕呀?	Kè rén yào bīng jī líng / bīng qí lín ma? 客人要冰激凌 / 冰淇淋吗?

④ **사물에 초점을 맞춘 의문문**: 지시대사 + **係** **唔係**(~인지 아닌지) + 명사 + 呀?
긍정 부정

지시대사는 명사인가요, 아닌가요?

	광둥어	중국어
1	Go² go³ hai⁶ m⁴ hai⁶ yit⁶ gau² a³? 嗰個係唔係熱狗呀?	Nà ge shì rè gǒu ma? 那个是热狗吗?
2	Ni¹ go³ hai⁶ m⁴ hai⁶ hon³ bou² baau¹ a³? 呢個係唔係漢堡包呀?	Zhè ge shì hàn bǎo bāo ma? 这个是汉堡包吗?
3	Ni¹ di¹ hai⁶ m⁴ hai⁶ zhaap⁶ zhi³ a³? 呢啲係唔係雜誌呀?	Zhè xiē shì zá zhì ma? 这些是杂志吗?

영어	한국어
Does he eat desserts?	그는 디저트를 먹나요, 먹지 않나요?
Does your friend drink apple juice?	당신의 친구는 사과주스를 마시나요, 마시지 않나요?
Does the guest want any ice-cream?	손님은 아이스크림을 원하나요, 원하지 않나요?

영어	한국어
Is that a hot dog?	저것은 핫도그인가요, 아닌가요?
Is this a hamburger?	이것은 햄버거인가요, 아닌가요?
Are these magazines?	이것들은 잡지인가요, 아닌가요?

⑤ 장소를 포함한 긍정문: 주어 + 嚟(오다) / 去(가다) + 장소
주어는 ~에 옵니다/갑니다.

	광둥어	중국어
1	Ngo⁵ dei⁶ höü³ baak³ fo³ gung¹ si¹. 我哋去百貨公司。	Wǒ men qù bǎi huò shāng diàn / bǎi huò gōng sī. 我们去百货商店 / 百货公司。
2	Köü⁵ taai³ taai² höü³ faat³ ying⁴ nguk¹. 佢太太去髮型屋。	Tā tài tai qù lǐ fà diàn. 他太太去理发店。
3	Dung² si⁶ zhöng² lai⁴ gung¹ si¹. 董事長嚟公司。	Dǒng shì zhǎng lái gōng sī. 董事长来公司。

영어	한국어
We go to a department store.	저희는 백화점에 가요.
His wife goes to a hair salon.	그의 아내는 헤어숍에 가요.
The director comes to the office.	이사장님은 회사에 오세요.

Track 3-04

광둥어

1

Ni¹ go³ hai⁶ mat¹ ye⁵ a³?
Ⓐ 呢個係乜嘢呀？

Ni¹ go³ hai⁶ daan⁶ gou¹.
Ⓑ 呢個係蛋糕。

2

Go² go³ hai⁶ m⁴ hai⁶ hon³ bou² baau¹ a³?
Ⓐ 嗰個係唔係漢堡包呀？

M⁴ hai⁶, go² go³ hai⁶ yit⁶ gau².
Ⓑ 唔係，嗰個係熱狗。

3

Ngo⁵ yiu³ ni¹ go³ tim⁴ ban².
我要呢個甜品。

Köü⁵ dou¹ yiu³ ni¹ go³ tim⁴ ban².
佢都要呢個甜品。

4

Ngo⁵ tung⁴ si⁶ sik⁶ min⁶.
我同事食麵。

중국어	한국어
Zhè (ge) shì shén me? Ⓐ 这(个)是什么？ Zhè (ge) shì dàn gāo. Ⓑ 这(个)是蛋糕。	Ⓐ 이것은 무엇이에요? Ⓑ 이것은 케이크예요.
Nà (ge) shì bu shì hàn bǎo bāo? Ⓐ 那(个)是不是汉堡包？ Bú shì, nà (ge) shì rè gǒu. Ⓑ 不是，那(个)是热狗。	Ⓐ 저것은 햄버거인가요, 아닌가요? Ⓑ 아니요. 저것은 핫도그예요.
Wǒ yào zhè ge tián pǐn. 我要这个甜品。 Tā yě yào zhè ge tián pǐn. 他也要这个甜品。	저는 이 디저트를 원해요. 그도 이 디저트를 원해요.
Wǒ tóng shì chī miàn. 我同事吃面。	제 동료는 면을 먹어요.

5

Nei⁵ sik⁶ m⁴ sik⁶ faan⁶ a³?
Ⓐ 你食唔食飯呀？

Ngo⁵ m⁴ sik⁶ faan⁶.
Ⓑ 我唔食飯。

6

Ngo⁵ pang⁴ yau⁵ höü³ chiu¹ kap¹ si⁵ chöng⁴.
Ⓐ 我朋友去超級市場。

Nei⁵ ne¹?
Ⓑ 你呢？

Ngo⁵ dou¹ höü³ chiu¹ kap¹ si⁵ chöng⁴.
Ⓐ 我都去超級市場。

7

Nei⁵ maai⁵ m⁴ maai⁵ ni¹ go³ min⁶ baau¹ a³?
Ⓐ 你買唔買呢個麵包呀？

Ngo⁵ m⁴ maai⁵ ni¹ go³ min⁶ baau¹,
Ⓑ 我唔買呢個麵包，

Ngo⁵ maai⁵ go² go³ min⁶ baau¹.
我買嗰個麵包。

중국어	한국어

Nǐ chī bu chī fàn?
Ⓐ 你吃不吃饭？

Wǒ bù chī fàn.
Ⓑ 我不吃饭。

Ⓐ 당신은 밥을 먹나요, 먹지 않나요?

Ⓑ 저는 밥을 먹지 않아요.

Wǒ péng you qù chāo shì.
Ⓐ 我朋友去超市。

Nǐ ne?
Ⓑ 你呢？

Wǒ yě qù chāo shì.
Ⓐ 我也去超市。

Ⓐ 제 친구는 슈퍼마켓에 가요.

Ⓑ 당신은요?

Ⓐ 저도 슈퍼마켓에 가요.

Nǐ mǎi bu mǎi zhè ge miàn bāo?
Ⓐ 你买不买这个面包？

Wǒ bù mǎi zhè ge miàn bāo,
Ⓑ 我不买这个面包，

Wǒ mǎi nà ge miàn bāo.
我买那个面包。

Ⓐ 당신은 이 빵을 사나요, 사지 않나요?

Ⓑ 저는 이 빵을 사지 않아요.
저는 저 빵을 사요.

1 다음 제시된 발음을 보고 광둥어로 써 보세요.

> 예시 Ngo⁵ sik⁶ saam¹ man⁴ zhi⁶.   저는 샌드위치를 먹어요.
>
> ➡ 我食三文治。

(1) Ni¹ wun² hai⁶ min⁶.   이 그릇은 면이에요.

➡ _____ 。

(2) Nei⁵ pang⁴ yau⁵ yam² ngau⁴ naai⁵.   당신의 친구는 우유를 마셔요.

➡ _____ 。

(3) Ngo⁵ dei⁶ höü³ baak³ fo³ gung¹ si¹.   저희는 백화점에 가요.

➡ _____ 。

2 다음 제시된 문장을 보고 광둥어 발음을 써 보세요.

> 예시 呢啲係唔係雜誌呀?   이것들은 잡지인가요, 아닌가요?
>
> ➡ Ni¹ di¹ hai⁶ m⁴ hai⁶ zhaap⁶ zhi³ a³?

(1) 我要呢啲。   저는 이것들을 원해요.

➡ _____ .

(2) 嗰個係唔係熱狗呀?   저것은 핫도그인가요, 아닌가요?

➡ _____ ?

(3) 你飲唔飲啤酒呀?   당신은 맥주를 마시나요, 마시지 않나요?

➡ _____ ?

3 다음 문장을 한국어로 해석해 보세요.

> 예시 我飲湯。
>
> ➡ <u>저는 국을 마셔요.</u>

(1) 佢先生買紅酒。

➡
_____ .

(2) 佢太太去髮型屋。

➡
_____ .

(3) 佢食唔食甜品呀？

➡ _____ ?

4 다음 주어진 사진을 이용하여 문장을 만들어 보세요.

> 예시 저는 빵을 먹어요.
>
> ➡ <u>我食麵包。</u>

(1)   저는 케이크를 먹어요.

➡ _____ 。

(2)   저는 물을 마셔요.

➡ _____ 。

(3)   저는 은행에 가요.

➡ _____ 。

(4)   저는 신문을 사요.

➡ _____ 。

5 녹음을 듣고 올바른 정답을 골라 써 보세요.

Track 3-05

(1) Ni¹ go³ hai⁶ _____ .

    ⓐ min⁶ baau¹   ⓑ yit⁶ gau²   ⓒ kaat¹ pin²

(2) Go² fan⁶ hai⁶ _____ .

    ⓐ tim⁴ ban²   ⓑ bou³ zhi²   ⓒ daan⁶ gou¹

(3) Ngo⁵ dei⁶ yam² _____ .

    ⓐ söü²   ⓑ be¹ zhau²   ⓒ yit⁶ yün¹ yöng¹

(4) Köü⁵ dei⁶ m⁴ sik⁶ _____ .

    ⓐ faan⁶   ⓑ hon³ bou² baau¹   ⓒ yin¹

(5) Ngo⁴ tung⁴ maai⁴ ngo⁵ tung⁴ si⁶ höü³ _____ .

    ⓐ hok⁶ haau⁶   ⓑ gung¹ si¹   ⓒ ngan⁴ hong⁴

(6) Ngo⁵ taai³ taai² tung⁴ maai⁴ köü⁵ pang⁴ yau⁵ m⁴ höü³ _____ .

    ⓐ yi¹ yün²   ⓑ chiu¹ kap¹ si⁵ chöng⁴   ⓒ gung¹ si¹

Lesson 4

Ngo⁵ yiu³ yat¹ bou⁶ din⁶ nou⁵

我 要 一 部 電 腦。

저는 컴퓨터 한 대가 필요해요.

Track 4-01

	광둥어	중국어	영어	한국어
1	yau⁵ 有	yǒu 有	Have / there is / exist	(동) 있다
2	mou⁵ 冇	méi yǒu 没有	Not have / there is not / not exist	(동) 없다
3	wan² 搵	zhǎo 找	Look for / visit	(동) 찾다
4	da² 打	dǎ 打	Hit / spank / do sports / call	(동) 때리다, (전화를) 걸다, (운동을) 하다
5	ge³ 嘅	de 的	Of (for possession usage)	(조) ~의
6	ding⁶ (hai⁶) 定(係)	hái shi 还是	Or	(접) 아니면, 또는
7	gei² do¹ 幾多	duō shao 多少	How many / how much	(대) 얼마
8	gei² 幾	jǐ 几	Some (between 3 and 10) / several	(대) 몇 (3에서 10 사이), 몇몇

	광둥어	중국어	영어	한국어
9	gam² 噉	nà (me) 那(么)	Then, so	때 그렇게, 쩝 그러면
10	söü³ 歲	suì 岁	Years old	몡 세, 살(나이)
11	chin² 錢	qián 钱	Money	몡 돈
12	man¹ 蚊	yì yuán / yí kuài 一元 / 一块	Dollar	몡 (홍콩) 달러
13	hou⁴ (zhi²) 毫(子)	yì jiǎo / yì máo 一角 / 一毛	10 cents	몡 10 (홍콩) 센트
14	ngan⁴ baau¹ 銀包	qián bāo 钱包	Wallet	몡 지갑
15	din⁶ wa² 電話	diàn huà 电话	Telephone / phone call	몡 전화(기)
16	sau² tai⁴ din⁶ wa² 手提電話	shǒu jī 手机	Cell phone	몡 휴대 전화
17	zhung¹ 鐘	zhōng 钟	Clock	몡 시계, 시간
18	sau² biu¹ 手錶	shǒu biǎo 手表	Watch	몡 손목시계
19	zhi² 紙	zhǐ 纸	Paper	몡 종이
20	sü¹ 書	shū 书	Book	몡 책
21	go¹ 歌	gē 歌	Song	몡 노래

광둥어	중국어	영어	한국어
22	hei³ 戲	diàn yǐng 电影	Movie	명 영화
23	toi² 枱	zhuō zi 桌子	Table / desk	명 책상
24	dang³ 櫈	dèng zi / yǐ zi 凳子 / 椅子	Chair	명 의자
25	so² si⁴ 鎖匙	yào shi 钥匙	Key	명 열쇠
26	zhe¹ 遮	sǎn 伞	Umbrella	명 우산
27	yin¹ fui¹ gong¹ 煙灰缸	yān huī gāng 烟灰缸	Ashtray	명 재떨이
28	yau⁴ piu³ 郵票	yóu piào 邮票	Stamp	명 우표
29	hang⁴ lei⁵ 行李	xíng li 行李	Luggage	명 짐, 수하물
30	yün⁴ bat¹ 鉛筆	qiān bǐ 铅笔	Pencil	명 연필
31	yün⁴ zhi² bat¹ 原子筆	yuán zhū bǐ 圆珠笔	Ball pen	명 볼펜
32	bat¹ gei³ bou² 筆記簿	bǐ jì běn / běn zi 笔记本 / 本子	Notebook	명 공책, 노트
33	gei³ si⁶ bou² 記事簿	jì shì běn 记事本	Diary / schedule planner	명 다이어리
34	yüt⁶ lik⁶ 月曆	yuè lì 月历	Calendar	명 달력
35	da² fo² gei¹ 打火機	dǎ huǒ jī 打火机	Lighter	명 라이터

광둥어	중국어	영어	한국어
36 zhi² gan¹ 紙巾	zhǐ jīn 纸巾	Tissue paper	명 티슈, 휴지
37 mou⁴ gan¹ 毛巾	máo jīn 毛巾	Towel	명 수건
38 söng² gei¹ 相機	(zhào) xiàng jī (照)相机	Camera	명 카메라
39 din⁶ si⁶ (gei¹) 電視(機)	diàn shì (jī) 电视(机)	TV	명 텔레비전
40 laang⁵ hei³ (gei¹) 冷氣(機)	kōng tiáo 空调	Air conditioner	명 에어컨
41 din⁶ nou⁵ 電腦	diàn nǎo 电脑	Computer	명 컴퓨터
42 sai³ lou⁶ 細路	hái zi / xiǎo háir 孩子/小孩儿	Child	명 어린이, 아이
43 zhai² 仔	ér zi 儿子	Son	명 아들
44 naam⁴ zhai² 男仔	nán háir 男孩儿	Boy	명 남자아이
45 nöü² 女	nǚ ér 女儿	Daughter	명 딸
46 nöü⁵ zhai² 女仔	nǚ háir 女孩儿	Girl	명 여자아이

1

sü[1]

書

shū

书

Book

책

2

zhung[1]

鐘

zhōng

钟

Clock

시계, 시간

3

din[6] wa[2]

電話

diàn huà

电话

Telephone /
phone call

전화(기)

4

ngan[4] baau[1]

銀包

qián bāo

钱包

Wallet

지갑

5

zhi[2] gan[1]

紙巾

zhǐ jīn

纸巾

Tissue paper

티슈, 휴지

6

yüt[6] lik[6]

月曆

yuè lì

月历

Calendar

달력

7

chin[2]

錢

qián

钱

Money

돈

8

yün[4] zhi[2] bat[1]

原子筆

yuán zhū bǐ

圆珠笔

Ball pen

볼펜

9

yau[4] piu[3]

郵票

yóu piào

邮票

Stamp

우표

10

din[6] nou[5]

電腦

diàn nǎo

电脑

Computer

컴퓨터

11

yün[4] bat[1]

鉛筆

qiān bǐ

铅笔

Pencil

연필

12

sau[2] biu[1]

手錶

shǒu biǎo

手表

Watch

손목시계

13

dang[3]

櫈

dèng zi / yǐ zi

凳子/椅子

Chair

의자

14

bat[1] gei[3] bou[2]

筆記簿

bǐ jì běn / běn zi

笔记本/本子

Notebook

공책, 노트

15

söng[2] gei[1]

相機

(zhào) xiàng jī

(照)相机

Camera

카메라

16

toi[2]

枱

zhuō zi

桌子

Table / desk

책상

	광둥어	중국어
1	Peng⁴ di¹ la¹. 平啲啦。	Pián yi yì diǎnr ba. 便宜一点儿吧。
2	Ni¹ bun² sü¹ bin¹ go³ ga³? 呢本書邊個㗎？	Zhè běn shū shì shéi de a? 这本书是谁的啊？
3	Yau⁵ yan⁴ da² din⁶ wa² wan² nei⁵. 有人打電話搵你。	Yǒu rén dǎ diàn huà zhǎo nǐ. 有人打电话找你。
4	M⁴ goi¹, yiu³……. 唔該，要……。	Bù hǎo yì si, yào……. 不好意思，要……。
5	Yau⁵ mou⁵ kei⁴ ta¹……? 有冇其他……？	Yǒu méi yǒu qí tā……? 有没有其他……？
6	Yau⁵ mat¹ ye⁵ gaai³ siu⁶? 有乜嘢介紹？	Yǒu méi yǒu tuī jiàn? 有没有推荐？

Can you give me a discount?

좀 싸게 해 주세요.

Whose book is this?

이 책은 누구의 것이에요?

Someone called you.

당신을 찾는 전화가 걸려왔어요.

May I have······please?

실례합니다만, ~이(가) 필요해요.

Are there any other······?

다른 ~이(가) 있나요?

Any suggestion?

추천해 주실 것이 있나요?

	광둥어	중국어
7	Tai² ha⁵ sin¹, m⁴ goi¹. 睇吓先，唔該。	Xiān kàn yí xià, xiè xie. 先看一下，谢谢。
8	Sau¹ m⁴ sau¹ kaat¹ / EPS ga³? 收唔收卡/EPS㗎？	Shōu xìn yòng kǎ / EPS ma? 收信用卡/EPS吗？
9	M⁴ sai² la³, m⁴ goi¹. 唔使喇，唔該。	Bú yòng le, xiè xie. 不用了，谢谢。
10	Gei² do¹ chin² a³? 幾多錢呀？	Duō shao qián? 多少钱？
11	Ngo⁵ hai⁶……, ma⁴ faan⁴ nei⁵ giu³ 我係……，麻煩你叫 köü⁵ da² faan¹ bei² ngo⁵ a¹. 佢打返俾我吖。	Wǒ jiào……, má fan nǐ jiào 我叫……，麻烦你叫 tā / tā huí diàn gěi wǒ. 他/她回电给我。

Let me look around first, thank you.

일단 한번 볼게요, 감사합니다.

Can I pay by credit card / EPS?

신용카드/EPS로 결제해도 되나요?

No, thanks.

괜찮습니다, 감사합니다.

How much?

얼마예요?

I am……, would you please ask him / her to call me back?

저는 ~입니다. 실례합니다만, 그/그녀에게 다시 전화해 달라고 전해 주세요.

	광둥어	중국어
1	Wai² , m⁴ goi¹······a¹. 喂，唔該······吖。	Wéi, qǐng wèn······zài ma? 喂，请问······在吗？ Wéi, má fan zhǎo······. 喂，麻烦找······。
2	Nei⁵ wan² bin¹ go³ a³? 你搵邊個呀？	Nín / Nǐ zhǎo shéi? 您/你找谁？
3	Nei⁵ bin¹ wai² wan² köü⁵ a³? 你邊位搵佢呀？	Nín shì nǎ wèi? 您是哪位？
4	M⁴ goi¹ dang² zhan⁶. 唔該等陣。	Qǐng nín / nǐ děng yí xià. 请您/你等一下。
5	Köü⁵ m⁴ hai² dou⁶. 佢唔喺度。	Tā / Tā bú zài. 他/她不在。
6	Da² cho³ laak³. 打錯喇。	Dǎ cuò le. 打错了。
7	Nei⁵ ge³ din⁶ wa² gei² do¹ hou⁶ a³? 你嘅電話幾多號呀？	Nǐ de diàn huà (hào mǎ) shì duō shao (hào)? 你的电话(号码)是多少(号)？
8	Nei⁵ ge³ din⁶ wa² hai⁶ m⁴ hai⁶······a³? 你嘅電話係唔係······呀？	Nǐ de diàn huà (hào mǎ) shì bu shì······? 你的电话(号码)是不是······？
9	Ngo⁵ ge³ din⁶ wa² hou⁶ ma⁵ hai⁶······. 我嘅電話號碼係······。	Wǒ de diàn huà hào mǎ shì······. 我的电话号码是······。

영어	한국어
Hello, may I speak to……?	여보세요, 실례지만 ~계신가요?
Who are you calling?	누구를 찾으세요?
May I ask who's calling, please?	누구세요?
Hold on, please.	잠시만 기다려 주세요.
He / She's not here.	그/그녀는 안 계세요.
I think you've dialed the wrong number.	잘못 거셨어요.
What is your phone number?	당신의 전화 번호는 몇 번인가요?
Is your phone number……?	당신의 전화 번호는 ~인가요, 아닌가요?
My phone number is……?	제 전화 번호는 ~예요.

---

① 긍정문: 주어 + 동사 + **수량사** + 목적어

	광둥어	중국어
1	Ngo⁵ maai⁵ löng⁵ bou⁶ din⁶ nou⁵. 我買兩部電腦。	Wǒ mǎi liǎng tái diàn nǎo. 我买两台电脑。
2	Köü⁵ dei⁶ yiu³ luk⁶ zhöng¹ zhi². 佢哋要六張紙。	Tā men / Tā men yào liù zhāng zhǐ. 他们/她们要六张纸。
3	Ngo⁵ pang⁴ yau⁵ tai² sei³ chöt¹ hei³. 我朋友睇四齣戲。	Wǒ péng you kàn sì bù diàn yǐng. 我朋友看四部电影。

---

② 의문문: 주어 + 동사 + **의문대사** + **양사** + 목적어 + **呀?**

	광둥어	중국어
1	Nei⁵ yau⁵ gei² do¹ gin⁶ hang⁴ lei⁵ a³? 你有幾多件行李呀？	Nǐ yǒu jǐ / duō shao jiàn xíng li? 你有几/多少件行李？
2	Köü⁵ dei⁶ maai⁵ gei² do¹ bun² sü¹ a³? 佢哋買幾多本書呀？	Tā men / Tā men mǎi jǐ / duō shao běn shū? 他们/她们买几/多少本书？
3	Nei⁵ taai³ taai² sik⁶ gei² do¹ gin⁶ saam¹ man⁴ zhi⁶ a³? 你太太食幾多件三文治呀？	Nǐ tài tai chī jǐ kuài sān míng zhì? 你太太吃几块三明治？

영어	한국어
I buy two computers.	저는 컴퓨터를 두 대 사요.
They want six pieces of paper.	그들/그녀들은 종이 여섯 장이 필요해요.
My friend watches four movies.	제 친구는 영화를 네 편 봐요.

Lesson 4

영어	한국어
How much luggage do you have?	당신은 짐이 몇 개 있나요?
How many books do they buy?	그들/그녀들은 책을 몇 권 사나요?
How many sandwiches does your wife eat?	당신의 아내는 샌드위치를 몇 조각 먹나요?

3_1 소유를 나타내는 긍정문 A:
지시대사 + 양사 + 係(~이다) + 주어 + 嘅(~의) + 목적어

	광둥어	중국어
1	Ni¹ tiu⁴ hai⁶ ngo⁵ ge³ so² si⁴. 呢條係我嘅鎖匙。	Zhè bǎ shì wǒ de yào shi. 这把是我的钥匙。
2	Go² ba² hai⁶ köü⁵ ge³ zhe¹. 嗰把係佢嘅遮。	Nà bǎ shì tā de sǎn. 那把是她的伞。
3	Go² go³ hai⁶ tung⁴ si⁶ ge³ zhai². 嗰個係同事嘅仔。	Nà ge shì tóng shì de ér zi. 那个是同事的儿子。

3_2 소유를 나타내는 긍정문 B:
지시대사 + 양사 + 목적어 + 係(~이다) + 주어 + 嘅(~의)

	광둥어	중국어
1	Ni¹ bun² gei³ si⁶ bou² hai⁶ ngo⁵ ge³. 呢本記事簿係我嘅。	Zhè běn bǐ jì běn shì wǒ de. 这本笔记本是我的。
2	Ni¹ bou⁶ sau² tai⁴ din⁶ wa² hai⁶ köü⁵ ge³. 呢部手提電話係佢嘅。	Zhè bù shǒu jī shì tā / tā de. 这部手机是他/她的。
3	Go² bou⁶ söng² gei¹ hai⁶ ngo⁵ pang⁴ yau⁵ ge³. 嗰部相機係我朋友嘅。	Nà bù xiàng jī shì wǒ péng you de. 那部相机是我朋友的。

영어	한국어
This is my key.	이것은 제 열쇠예요.
That is her umbrella.	저것은 그녀의 우산이에요.
That is the son of my colleague.	저것은(저 사람은) 동료의 아들이에요.

영어	한국어
This notebook is mine.	이 공책은 제 것이에요.
This cell phone is his / hers.	이 휴대 전화는 그/그녀의 것이에요.
That camera is my friend's.	저 카메라는 제 친구의 것이에요.

④ 대상이나 사물에 초점을 맞춘 의문문:
주어 + 係(~이다) + 의문대사 + 嘅(~의) + 명사 + 呀? (명사는 생략 가능합니다.)

	광둥어	중국어
1	Ni¹ go³ hai⁶ bin¹ go³ ge³ da² fo² gei¹ a³? 呢個係邊個嘅打火機呀?	Zhè ge shì shéi de dǎ huǒ jī? 这个是谁的打火机?
2	Go² go³ hai⁶ mat¹ ye⁵ / me¹ ge³ min⁶ baau¹ a³? 嗰個係乜嘢/咩嘅麵包呀?	Nà ge shì shén me miàn bāo? 那个是什么面包?
3	Köü⁵ hai⁶ bin¹ go³ ge³ nöü² a³? 佢係邊個嘅女呀?	Tā shì shéi de nǚ ér? 她是谁的女儿?

⑤ 선택을 나타내는 의문문:
주어 + 동사 + 목적어¹ + 定(係)(아니면, 또는) + 목적어² + 呀?

	광둥어	중국어
1	Nei⁵ yiu³ toi² ding⁶ (hai⁶) dang³ a³? 你要枱定(係)櫈呀?	Nǐ yào zhuō zi hái shi yǐ zi? 你要桌子还是椅子?
2	Nei⁵ dei⁶ yiu³ zhi² gan¹ ding⁶ (hai⁶) mou⁴ gan¹ a³? 你哋要紙巾定(係)毛巾呀?	Nǐ men yào zhǐ jīn hái shi máo jīn? 你们要纸巾还是毛巾?
3	Köü⁵ dei⁶ maai⁵ bat¹ gei³ bou² ding⁶ (hai⁶) yüt⁶ lik⁶ a³? 佢哋買筆記簿定(係)月曆呀?	Tā men / Tā men mǎi bǐ jì běn hái shi yuè lì? 他们/她们买笔记本还是月历?

영어	한국어
Whose lighter is this?	이것은 누구의 라이터인가요?
What kind of bread is that?	저것은 무슨 빵인가요?
Whose daughter is she?	그녀는 누구의 딸인가요?

영어	한국어
Do you want a desk or a chair?	당신은 책상이 필요한가요, 아니면 의자가 필요한가요?
Do you want tissue paper or a towel?	당신들은 티슈가 필요한가요, 아니면 수건이 필요한가요?
Are they buying a notebook or a calendar?	그들/그녀들은 공책을 사나요, 아니면 달력을 사나요?

광둥어
1 Ngo⁵ yiu³ saam¹ fan⁶ yüt⁶ lik⁶. 我要三份月曆。
2 Köü⁵ maai⁵ yat¹ bou⁶ din⁶ si⁶ gei¹ tung⁴ maai⁴ yat¹ bou⁶ laang⁵ hei³ gei¹. 佢買一部電視機同埋一部冷氣機。
3 Nei⁵ yau⁵ gei² do¹ bou⁶ sau² tai⁴ din⁶ wa² a³? 你有幾多部手提電話呀？
4 Köü⁵ dei⁶ maai⁵ gei² do¹ zhöng¹ yau⁴ piu³ a³? 佢哋買幾多張郵票呀？
5 Ni¹ tiu⁴ mou⁴ gan¹ tung⁴ maai⁴ ni¹ baau¹ zhi² gan¹ hai⁶ ngo⁵ ge³. 呢條毛巾同埋呢包紙巾係我嘅。
6 Go² bun² bat¹ gei³ bou² tung⁴ maai⁴ go² zhi¹ yün⁴ zhi² bat¹ dou¹ hai⁶ ngo⁵ ge³. 嗰本筆記簿同埋嗰枝原子筆都係我嘅。
7 Go² bun² hai⁶ m⁴ hai⁶ nei⁵ pang⁴ yau⁵ ge³ sü¹ a³? 嗰本係唔係你朋友嘅書呀？

중국어	한국어
Wǒ yào sān fèn yuè lì. 我要三份月历。	저는 달력이 세 부 필요해요.
Tā mǎi yì tái diàn shì jī hé yì tái kōng tiáo. 他买一台电视机和一台空调。	그는 텔레비전 한 대와 에어컨 한 대를 사요.
Nǐ yǒu jǐ bù shǒu jī? 你有几部手机？	당신은 휴대 전화가 몇 대 있나요?
Tā men / Tā men mǎi duō shao / jǐ zhāng yóu piào? 他们/她们买多少/几张邮票？	그들/그녀들은 우표를 몇 장 사나요?
Zhè tiáo máo jīn hé zhè bāo zhǐ jīn shì wǒ de. 这条毛巾和这包纸巾是我的。	이 수건과 이 티슈는 제 것이에요.
Nà běn bǐ jì běn hé nà zhī yuán zhū bǐ yě shì wǒ de. 那本笔记本和那支圆珠笔也是我的。	저 공책과 저 볼펜도 제 것이에요.
Nà běn shì bu shì nǐ péng you de shū? 那本是不是你朋友的书？	저 책은 당신 친구의 책인가요, 아닌가요?

Lesson 4

8

Ngo⁵ yau⁵ gei² go³ ngan⁴ baau¹.
我有幾個銀包。

9

Ni¹ gei² bou⁶ hai⁶ köü⁵ ge³ söng² gei¹ tung⁴ maai⁴ din⁶ nou⁵.
呢幾部係佢嘅相機同埋電腦。

10

Ni¹ go³ hai⁶ bin¹ go³ ge³ yin¹ fui¹ gong¹ a³?
呢個係邊個嘅煙灰缸呀?

11

Ni¹ go³ hai⁶ ngo⁵ sin¹ saang¹ ge³ da² fo² gei¹.
呢個係我先生嘅打火機。

Go² go³ dou¹ hai⁶ ngo⁵ sin¹ saang¹ ge³ da² fo² gei¹.
嗰個都係我先生嘅打火機。

12

Go² zhöng¹ toi² hai⁶ nei⁵ ge³.
嗰張枱係你嘅。

Ni¹ zhöng¹ dang³ hai⁶ m⁴ hai⁶ dou¹ hai⁶ nei⁵ ge³ a³?
呢張櫈係唔係都係你嘅呀?

13

M⁴ hai⁶ ngo⁵ ge³, hai⁶ köü⁵ ge³.
唔係我嘅，係佢嘅。

14

Nei⁵ yiu³ sau² tai⁴ din⁶ wa² ding⁶ sau² biu¹ a³?
你要手提電話定手錶呀?

중국어	한국어
Wǒ yǒu hǎo jǐ ge qián bāo. 我有好几个钱包。	저는 지갑이 몇 개 있어요.
Zhè jǐ bù shì tā de xiàng jī hé diàn nǎo. 这几部是她的相机和电脑。	이 몇 대는 그녀의 카메라와 컴퓨터예요.
Zhè ge shì shéi de yān huī gāng? 这个是谁的烟灰缸？	이것은 누구의 재떨이에요?
Zhè ge shì wǒ xiān sheng de dǎ huǒ jī. 这个是我先生的打火机。	이것은 제 남편의 라이터예요.
Nà ge yě shì wǒ xiān sheng de dǎ huǒ jī. 那个也是我先生的打火机。	저것도 제 남편의 라이터예요.
Nà zhāng zhuō zi shì nǐ de. 那张桌子是你的。	저 책상은 당신의 것이에요.
Zhè zhāng dèng zi yě shì nǐ de ma? 这张凳子也是你的吗？	이 의자도 당신의 것인가요?
Bú shì wǒ de, shì tā de. 不是我的，是他的。	제 것이 아니고, 그의 것이에요.
Nǐ yào shǒu jī hái shi shǒu biǎo? 你要手机还是手表？	당신은 휴대 전화가 필요하세요, 아니면 손목시계가 필요하세요?

	광둥어
Taylor	Wai², m⁴ goi¹ Chan⁴ sin¹ saang¹ a¹. 喂，唔該陳先生吖。
직원	M⁴ goi¹ dang² zhan⁶. 唔該等陣。 M⁴ hou² yi³ si¹, köü⁵ m⁴ hai² dou⁶. 唔好意思，佢唔喺度。 Nei⁵ bin¹ wai² wan² köü⁵ a³? 你邊位搵佢呀？
Taylor	Ngo⁵ hai⁶ AE gung¹ si¹ ge⁵ Taai³ laak⁶. 我係AE公司嘅泰勒。 Ngo⁵ ge³ din⁶ wa² hou⁶ ma⁵ hai⁶ 我嘅電話號碼係 gau² yat¹ yat¹ baat³ yi⁶ chat¹ yat¹ baat³. 91182718。
직원	Hou⁵ a¹. Ngo⁵ giu³ köü⁵ da² faan¹ bei² nei⁵. 好吖。我叫佢打返俾你。
Taylor	M⁴ goi¹ saai³. Baai¹ baai³. 唔該哂。拜拜。
직원	M⁴ sai² haak³ hei³. Baai¹ baai³. 唔使客氣。拜拜。

중국어	한국어
Wéi, qǐng zhǎo Chén xiān sheng. 喂，请找陈先生。	여보세요. 천 선생님 계신가요?
Qǐng děng yí xiàr. 请等一下儿。	잠시만 기다려 주세요.
Bù hǎo yì si, tā xiàn zài bú zài. 不好意思，他现在不在。	죄송합니다만, 천 선생님은 안 계세요.
Nín shì nǎ wèi? 您是哪位？	누구신가요?
Wǒ shì AE gōng sī de Tài lè. 我是AE公司的泰勒。 Wǒ de diàn huà hào mǎ shì 我的电话号码是 jiǔ yāo yāo bā èr qī yāo bā. 91182718。	저는 AE 회사의 Taylor입니다. 저의 전화 번호는 91182718입니다.
Hǎo de. Wǒ jiào tā huí diàn huà gěi nǐ. 好的。我叫他回电话给你。	알겠습니다. 그에게 다시 전화하라고 하겠습니다.
Xiè xie. Zài jiàn. 谢谢。再见。	감사합니다. 안녕히 계세요.
Bú kè qi. Zài jiàn. 不客气。再见。	천만에요. 안녕히 계세요.

Lesson
4

 Track 4-07

광둥어

Taylor

M⁴ goi¹, ngo⁵ yiu³ yat¹ zhi¹ yün⁴ bat¹ tung⁴ maai⁴
唔該，我要一枝鉛筆同埋

yat¹ bun² bat¹ gei³ bou² a¹.
一本筆記簿吖。

직원

Hou² a³! Yat¹ zhi¹ yün⁴ bat¹ saam¹ go³ luk⁶,
好呀！一枝鉛筆三個六，

yat¹ bun² bat¹ gei³ bou² sap⁶ yi⁶ man¹,
一本筆記簿十二蚊，

zhung² gung⁶ sap⁶ ng⁵ go³ luk⁶.
總共十五個六。

Taylor

Ni¹ dou⁶ yi⁶ sap⁶ man¹.
呢度二十蚊。

직원

Do¹ zhe⁶. Zhaau² faan¹ sei³ go³ sei³.
多謝。找返四個四。

중국어	한국어
Bù hǎo yì si, wǒ yào yì zhī qiān bǐ hé 不好意思，我要一支铅笔和 yì běn bǐ jì běn. 一本笔记本。	실례합니다만, 연필 한 자루와 공책 한 권 주세요.
Hǎo de! Yì zhī qiān bǐ sān kuài liù, 好的！一支铅笔三块六， yì běn bǐ jì běn shí èr kuài, 一本笔记本十二块， yí gòng shí wǔ kuài liù. 一共十五块六。	알겠습니다! 연필 한 자루에 3.6 달러이고, 공책은 한 권에 12 달러로, 총 15.6 달러입니다.
Zhè li èr shí kuài. 这里二十块。	여기 20 달러 드릴게요.
Xiè xie. Zhǎo nín / nǐ sì kuài sì. 谢谢。找您/你四块四。	감사합니다. 4.4 달러 거슬러 드리겠습니다.

 연습 문제 정답 p121

1 다음 제시된 발음을 보고 광둥어로 써 보세요.

> 예시 Go² ba² hai⁶ köü⁵ ge³ zhe¹.   저것은 그녀의 우산이에요.
>
> ➡ <u>嗰把係佢嘅遮。</u>

① Ni¹ tiu⁴ mou⁴ gan¹ tung⁴ maai⁴ ni¹ baau¹ zhi² gan¹ hai⁶ ngo⁵ ge³.

이 수건과 이 티슈는 제 것이에요.

➡ _____ 。

② M⁴ goi¹ dang² zhan⁶.   잠시만 기다려 주세요.

➡ _____ 。

③ Ni¹ tiu⁴ hai⁶ ngo⁵ ge³ so² si⁴.   이것은 제 열쇠예요.

➡ _____ 。

2 다음 제시된 문장을 보고 광둥어 발음을 써 보세요.

> 예시 呢本書邊個㗎?   이 책은 누구의 것이에요?
>
> ➡ <u>Ni¹ bun² sü¹ bin¹ go³ ga³?</u>

① 三枝鉛筆幾多錢呀?   연필 세 자루에 얼마예요?

➡ _____ ?

② 佢係邊個嘅女呀?   그녀는 누구의 딸인가요?

➡ _____ ?

③ 你要枱定(係)櫈呀?   당신은 책상이 필요한가요, 아니면 의자가 필요한가요?

➡ _____ ?

3 다음 제시된 금액을 보고 알맞은 답을 쓰세요.

예시 $10.4
→ 十個四

① 20 ¢

➡ _____

② $100

➡ _____

③ $26.5

➡ _____

④ $298.2

➡ _____

4 다음 주어진 대화를 읽고 질문에 광둥어로 답하세요.

陳淑芬：喂，唔該李小燕吖。
李小燕：我係，你係邊位呀？
陳淑芬：小燕，我係淑芬呀。我去書局買記事簿，你去唔去呀？
李小燕：好呀，我都想買記事簿同埋原子筆。
陳淑芬：嗽，我去你屋企搵你。
李小燕：好呀，一陣見。

① 淑芬은 누구와 통화를 했나요?

➡ _____ 。

② 小燕은 무엇을 사기 원하나요?

➡ _____ 。

③ 淑芬은 小燕을 어디에서 만나기로 했나요?

➡ _____ 。

5 녹음을 듣고 올바른 정답을 골라 써 보세요.

① Ni¹ ba² hai⁶ ngo⁵ taai³ taai² ge³ ⬜⬜⬜⬜⬜⬜ .

     ⓐ so² si⁴   ⓑ zhe¹   ⓒ yün⁴ zhi² bat¹

② Go² bou⁶ hai⁶ ngo⁵ sin¹ saang¹ ge³ ⬜⬜⬜⬜⬜⬜ .

     ⓐ sau² tai⁴ din⁶ wa²   ⓑ sau² biu¹   ⓒ söng² gei¹

③ Ngo⁵ yiu³ chat¹ zhöng¹ ⬜⬜⬜⬜ tung⁴ maai⁴ yat¹ zhöng¹ ⬜⬜⬜⬜ .

     ⓐ yau⁴ piu³   ⓑ dang³   ⓒ toi²   ⓓ zhi²

④ Köü⁵ gung¹ si¹ yau⁵ löng⁵ bou⁶ ⬜⬜⬜⬜⬜ , sei³ bou⁶ ⬜⬜⬜⬜⬜ .

     ⓐ din⁶ wa²   ⓑ da² fo² gei¹   ⓒ laang⁵ hei³ gei¹   ⓓ din⁶ nou⁵

⑤ Nei⁵ yiu³ söng² gei¹ ding⁶ hai⁶ din⁶ si⁶ gei¹ a³?······Ngo⁵ yiu³ ⬜⬜⬜⬜⬜ .

     ⓐ söng² gei¹   ⓑ din⁶ si⁶ gei¹

⑥ Nei⁵ yiu³ ni¹ zhi¹ yün⁴ bat¹ ding⁶ hai⁶ go² zhi¹ yün⁴ bat¹ a³?······Ngo⁵ yiu³ ⬜⬜⬜⬜ .

     ⓐ ni¹ zhi¹ yün⁴ bat¹   ⓑ go² zhi¹ yün⁴ bat¹

GO! 독학
광둥어 첫걸음
부록

목차

Lesson 1

1

① 老師係香港人。

② 佢唔係秘書。

③ 你係邊度人呀？

2

① Nei⁵ hai⁶ m⁴ hai⁶ Mei⁵ gwok³ yan⁴ a³?

② Lou⁵ si¹ hai⁶ m⁴ hai⁶ dou¹ hai⁶ Zhung¹ gwok³ yan⁴ a³?

③ Nei⁵ hai⁶ m⁴ hai⁶ gung¹ ching⁴ si¹ a³?

3

① 저는 홍콩인이 아니에요.

② 그들/그녀들도 회계사가 아니에요.

③ 진 여사님은 가정주부가 아니에요.

4

① Ngo⁵ hai⁶ Taai³ gwok³ yan⁴.

② Köü⁵ m⁴ hai⁶ zhung² ging¹ lei⁵.

③ Köü⁵ dei⁶ dou¹ m⁴ hai⁶ yi¹ sang¹.

5

① ⓒ　　② ⓒ　　③ ⓑ　　④ ⓒ　　⑤ ⓑ　　⑥ ⓐ

Lesson 2

1

① 我哋經理係日本人。

② 佢細佬要。

③ 佢太太嚟唔嚟呀？

2

① Köü⁵ go⁴ go¹ hai⁶ yi¹ sang¹.

② Po⁴ po² sik⁶ m⁴ sik⁶ a³?

③ Bin¹ go³ maai⁵ a³?

3

① 당신은 무엇을 하고 있나요?

② 당신의 여동생은 선생님인가요, 아닌가요?

③ 저와 제 친구는 홍콩식 식당에 가요.

4

① Ngo⁵ ba⁴ ba¹ hai⁶ wui⁶ gai³ si¹.

② Ngo⁵ nguk¹ kei² yan⁴ m⁴ teng¹.

③ Nei⁵ fu⁶ mou⁵ yiu³ m⁴ yiu³ a³?

5

① ⓐ　　② ⓒ　　③ ⓑ　　④ ⓐ　　⑤ ⓒ　　⑥ ⓐ

Lesson 3

1

① 呢碗係麵。

② 你朋友飲牛奶。

③ 我哋去百貨公司。

2

① Ngo⁵ yiu³ ni¹ di¹.

② Go² go³ hai⁶ m⁴ hai⁶ yit⁶ gau² a³?

③ Nei⁵ yam² m⁴ yam² be¹ zhau² a³?

3

① 그녀의 남편은 레드 와인을 사요.

② 그의 아내는 헤어숍에 가요.

③ 그는 디저트를 먹나요, 먹지 않나요?

4

① 我食蛋糕。

② 我飲水。

③ 我去銀行。

④ 我買報紙。

5

① ⓐ   ② ⓑ   ③ ⓒ   ④ ⓒ   ⑤ ⓑ   ⑥ ⓑ

Lesson 4

1

① 呢條毛巾同埋呢包紙巾係我嘅。

② 唔該等陣。

③ 呢條係我嘅鎖匙。

2

① Saam¹ zhi¹ yün⁴ bat¹ gei² do¹ chin² a³?

② Köü⁵ hai⁶ bin¹ go³ ge³ nöü² a³?

③ Nei⁵ yiu³ toi² ding⁶ (hai⁶) dang³ a³?

3

① 兩毫

② 一百蚊

③ 廿六個半

④ 二百九十八個二

4

① 淑芬打電話搵小燕。

② 小燕想買記事簿同埋原子筆。

③ 淑芬去小燕屋企搵小燕。

> **지문 해석**
>
> 淑芬 : 여보세요, Lee Siu Yin씨 계시나요?
>
> 小燕 : 저예요. 누구시죠?
>
> 淑芬 : Siu Yin, 나 Suk Fan이야.
> 나 서점에 가서 다이어리 살 건데, 너 갈래, 안 갈래?
>
> 小燕 : 좋아, 나도 다이어리랑 볼펜이 사고 싶었어.
>
> 淑芬 : 그러면 내가 너네 집으로 갈게.
>
> 小燕 : 그래, 이따 보자.

5

① ⓑ ② ⓐ ③ ⓑ, ⓒ ④ ⓒ, ⓓ ⑤ ⓑ ⑥ ⓑ

주제별 일상 어휘 및 문화

1 숫자

Track 5-01

	광둥어	중국어	한국어
1	ling^4 零	líng 零	영, 0
2	yat^1 一	yī 一	하나, 1
3	yi^6 / löng^5 二 / 兩	èr / liǎng 二 / 两	둘, 2
4	saam^1 三	sān 三	셋, 3
5	sei^3 四	sì 四	넷, 4
6	ng^5 五	wǔ 五	다섯, 5
7	luk^6 六	liù 六	여섯, 6
8	chat^1 七	qī 七	일곱, 7
9	baat^3 八	bā 八	여덟, 8
10	gau^2 九	jiǔ 九	아홉, 9
11	sap^6 十	shí 十	열, 10
12	yi^6 sap^6 / ya^6 二十 / 廿	èr shí 二十	스물, 20
13	saam^1 sap^6 / sa^1 a^6 三十 / 卅	sān shí 三十	서른, 30

	광둥어	중국어	한국어
14	sei³ sap⁶ 四十	sì shí 四十	마흔, 40
15	ng⁵ sap⁶ 五十	wǔ shí 五十	쉰, 50
16	luk⁶ sap⁶ 六十	liù shí 六十	예순, 60
17	chat¹ sap⁶ 七十	qī shí 七十	일흔, 70
18	baat³ sap⁶ 八十	bā shí 八十	여든, 80
19	gau² sap⁶ 九十	jiǔ shí 九十	아흔, 90
20	yat¹ baak³ 一百	yì bǎi 一百	백, 100
21	yi⁶ baak³ 二百	èr bǎi / liǎng bǎi 二百 / 两百	이백, 200
22	saam¹ baak³ 三百	sān bǎi 三百	삼백, 300
23	yat¹ chin¹ 一千	yì qiān 一千	천, 1,000
24	yi⁶ chin¹ / löng⁵ chin¹ 二千 / 兩千	èr qiān / liǎng qiān 二千 / 两千	이천, 2,000
25	saam¹ chin¹ 三千	sān qiān 三千	삼천, 3,000
26	yat¹ maan⁶ 一萬	yí wàn 一万	만, 10,000
27	sap⁶ maan⁶ 十萬	shí wàn 十万	십만, 100,000
28	yat¹ baak³ maan⁶ 一百萬	yì bǎi wàn 一百万	백만, 1,000,000

	광둥어	중국어	한국어
29	yat¹ chin¹ maan⁶ 一千萬	yì qiān wàn 一千万	천만, 10,000,000
30	yat¹ yik¹ 一億	yí yì 一亿	억, 100,000,000
31	ling⁴ dim² yat¹ luk⁶ 零點一六	líng diǎn yí liù 零点一六	0.16
32	saam¹ fan⁶ (zhi¹) yi⁶ 三分(之)二	sān fēn (zhī) èr 三分(之)二	2/3
33	yat¹ sing⁴ 一成	yì chéng 一成	1/10, 10%
34	löng⁵ pui⁵ 兩倍	liǎng bèi 两倍	2배
35	sap⁶ yat¹ 十一	shí yī 十一	열하나, 11
36	sap⁶ yi⁶ 十二	shí èr 十二	열둘, 12
37	sap⁶ saam¹ 十三	shí sān 十三	열셋, 13
38	yi⁶ sap⁶ yat¹ / ya⁶ yat¹ 二十一／廿一	èr shí yī 二十一	스물하나, 21
39	yi⁶ sap⁶ yi⁶ / ya⁶ yi⁶ 二十二／廿二	èr shí èr 二十二	스물둘, 22
40	yi⁶ sap⁶ saam¹ / ya⁶ saam¹ 二十三／廿三	èr shí sān 二十三	스물셋, 23
41	saam¹ sap⁶ yat¹ / sa¹ a⁶ yat¹ 三十一／卅一	sān shí yī 三十一	서른하나, 31
42	saam¹ sap⁶ yi⁶ / sa¹ a⁶ yi⁶ 三十二／卅二	sān shí èr 三十二	서른둘, 32

	광둥어	중국어	한국어
43	saam¹ sap⁶ saam¹ / sa¹ a⁶ saam¹ 三十三 / 卅三	sān shí sān 三十三	서른셋, 33
44	yat¹ baak³ ling⁴ yat¹ 一百零一	yì bǎi líng yī 一百零一	101
45	yat¹ baak³ yat¹ sap⁶ / baak³ yat¹ 一百一十 / 百一	yì bǎi yì (shí) 一百一(十)	110
46	sei³ baak³ ng⁵ (sap⁶) 四百五(十)	sì bǎi wǔ (shí) 四百五(十)	450
47	yat¹ chin¹ ling⁴ yat¹ 一千零一	yì qiān líng yī 一千零一	1,001
48	yat¹ chin¹ ling⁴ yat¹ sap⁶ 一千零一十	yì qiān líng shí 一千零十	1,010
49	yat¹ chin¹ yat¹ baak³ / chin¹ yat¹ 一千一百 / 千一	yì qiān yì (bǎi) 一千一(百)	1,100
50	chat¹ maan⁶ baat³ (chin¹) 七萬八(千)	qī wàn bā (qiān) 七万八(千)	78,000

Tip

- 二 및 兩의 쓰임

  二는 주로 서수로 사용되고, 兩은 주로 수치나 수량을 표현할 때 사용합니다.

- 모든 명사는 알맞은 수량사와 함께 사용해야 합니다.

  숫자 + 양사 + 명사 [수량을 표현할 때는 양사 앞에 숫자를 추가하세요.]

숫자	양사	명사	뜻
yat¹ 一	go³ 個	sai³ mui² 細妹	여동생 하나
löng⁵ 兩	go³ 個	sai³ mui² 細妹	여동생 둘
saam¹ 三	go³ 個	sai³ mui² 細妹	여동생 셋

양사	광둥어	중국어	영어	한국어
① 個 go³ 명, 개(사람 혹은 사물을 셀 때 사용)	yat¹ go³ yan⁴ 一個人	yí ge rén 一个人	A person	사람 한 명
	yat¹ go³ chaang² 一個橙	yí ge chéng 一个橙	An orange	오렌지 한 개
	yat¹ go³ zhung¹ 一個鐘	yí ge zhōng 一个钟	A clock	시계 한 개
② 件 gin⁶ 벌(의류 따위를 셀 때 사용)	yat¹ gin⁶ ngoi⁶ tou³ 一件外套	yí jiàn wài tào 一件外套	A coat	외투 한 벌
	yat¹ gin⁶ ti¹ söt¹ 一件T裇	yí jiàn T xù 一件T恤	A T-shirt	티셔츠 한 벌
③ 間 gaan¹ 칸, 채(방 혹은 건물을 셀 때 사용)	yat¹ gaan¹ fong² 一間房	yì jiān fáng jiān 一间房间	A room	방 한 칸
	yat¹ gaan¹ nguk¹ 一間屋	yì jiān fáng zi 一间房子	A house	집 한 채
	yat¹ gaan¹ pou³ 一間舖	yì jiā diàn 一家店	A shop	가게 한 채
④ 杯 bui¹ 잔, 컵	yat¹ bui¹ cha⁴ 一杯茶	yì bēi chá 一杯茶	A cup of tea	차 한 잔
	yat¹ bui¹ ga³ fe¹ 一杯咖啡	yì bēi kā fēi 一杯咖啡	A cup of coffee	커피 한 잔

양사	광둥어	중국어	영어	한국어
⑤ 碗 wun² 공기, 그릇, 사발	yat¹ wun² faan⁶ 一碗飯	yì wǎn fàn 一碗饭	A bowl of rice	밥 한 공기
	yat¹ wun² min⁶ 一碗麵	yì wǎn miàn 一碗面	A bowl of noodles	면 한 그릇
	yat¹ wun² tong¹ 一碗湯	yì wǎn tāng 一碗汤	A bowl of soup	국 한 사발
⑥ 枝 zhi¹ 자루, 가지, 병(가늘거나 막대 모양의 물체 혹은 병을 셀 때 사용)	yat¹ zhi¹ bat¹ 一枝筆	yì zhī bǐ 一枝笔	A pen	펜 한 자루
	yat¹ zhi¹ fa¹ 一枝花	yì zhī huā 一枝花	A flower	꽃 한 가지
	yat¹ zhi¹ be¹ zhau² 一枝啤酒	yì píng pí jiǔ 一瓶啤酒	A bottle of beer	맥주 한 병
⑦ 樽 zhön¹ 병(병을 셀 때 사용)	yat¹ zhön¹ söü² 一樽水	yì píng shuǐ 一瓶水	A bottle of water	물 한 병
	yat¹ zhön¹ ngau⁴ naai⁵ 一樽牛奶	yì píng niú nǎi 一瓶牛奶	A bottle of milk	우유 한 병
	yat¹ zhön¹ chaang² zhap¹ 一樽橙汁	yì píng chéng zhī 一瓶橙汁	A bottle of orange juice	오렌지주스 한 병
⑧ 包 baau¹ 봉지, 갑(봉지 혹은 갑, 곽을 셀 때 사용)	yat¹ baau¹ tong² 一包糖	yì bāo táng 一包糖	A bag of candies	사탕 한 봉지
	yat¹ baau¹ yin¹ 一包煙	yì bāo (xiāng) yān 一包(香)烟	A packet of cigatettes	담배 한 갑

양사	광둥어	중국어	영어	한국어
⑨ 罐 gwun³ 캔(깡통 따위를 셀 때 사용)	yat¹ gwun³ gwun³ tau² 一罐罐頭	yí guàn guàn tou 一罐罐头	A can of canned food	통조림 한 캔
	yat¹ gwun³ be¹ zhau² 一罐啤酒	yí guàn pí jiǔ 一罐啤酒	A can of beer	맥주 한 캔
	yat¹ gwun³ ho² lok⁶ 一罐可樂	yí guàn kě lè 一罐可乐	A can of coke	콜라 한 캔
⑩ 壺 wu⁴ 주전자	yat¹ wu⁴ cha⁴ 一壺茶	yì hú chá 一壺茶	A pot of tea	차 한 주전자
	yat¹ wu⁴ ga³ fe¹ 一壺咖啡	yì hú kā fēi 一壺咖啡	A pot of coffee	커피 한 주전자
⑪ 份 fan⁶ 부(인쇄된 문서 혹은 신문을 셀 때 사용)	yat¹ fan⁶ bou³ zhi² 一份報紙	yí fèn bào zhǐ 一份报纸	A newspaper	신문 한 부
	yat¹ fan⁶ zhi¹ liu² 一份資料	yí fèn zī liào 一份资料	A document	자료 한 부
⑫ 本 bun² 권(책이나 제본된 출판물을 셀 때 사용)	yat¹ bun² maan⁶ wa² 一本漫畫	yì běn màn huà 一本漫画	A comic	만화책 한 권
	yat¹ bun² zhaap⁶ zhi³ 一本雜誌	yì běn zá zhì 一本杂志	A magazine	잡지 한 권
	yat¹ bun² siu² süt³ 一本小說	yì běn xiǎo shuō 一本小说	A novel	소설책 한 권

양사	광둥어	중국어	영어	한국어
⑬ 張 zhöng¹ 장, 개(평평한 물체를 셀 때 사용)	yat¹ zhöng¹ zhi² 一張紙	yì zhāng zhǐ 一张纸	A piece of paper	종이 한 장
	yat¹ zhöng¹sap⁶ man¹ zhi² 一張十蚊紙	yì zhāng shí kuài (qián) 一张十块(钱)	A 10-dollar note	10 (홍콩) 달러 지폐 한 장
	yat¹ zhöng¹ chong⁴ 一張床	yì zhāng chuáng 一张床	A bed	침대 한 개
	yat¹ zhöng¹ toi² 一張枱	yì zhāng zhuō zi 一张桌子	A desk	책상 한 개
⑭ 部 bou⁶ 권, 대(두꺼운 책 혹은 전자기기를 셀 때 사용)	yat¹ bou⁶ zhi⁶ din² 一部字典	yí bù cí diǎn 一部词典	A dictionary	사전 한 권
	yat¹ bou⁶ din⁶ si⁶ 一部電視	yì tái diàn shì jī 一台电视机	A TV	텔레비전 한 대
⑮ 隻 zhek³ 마리, 척, 짝(동물, 배 혹은 한쌍 중 한 짝만을 셀 때 사용)	yat¹ zhek³ gai¹ 一隻雞	yì zhī jī 一只鸡	A chicken	닭 한 마리
	yat¹ zhek³ sün⁴ 一隻船	yì zhī chuán 一只船	A ship	배 한 척
	yat¹ zhek³ haai⁴ 一隻鞋	yì zhī xié 一只鞋	A shoe	신발 한 짝
⑯ 首 sau² 곡, 편(노래 또는 시를 셀 때 사용)	yat¹ sau² go¹ 一首歌	yì shǒu gē 一首歌	A song	노래 한 곡
	yat¹ sau² si¹ 一首詩	yì shǒu shī 一首诗	A poem	시 한 편

양사	광둥어	중국어	영어	한국어
⑰ 齣 chöt¹ 편(연극 혹은 영화 따위를 셀 때 사용)	yat¹ chöt¹ hei³ kek⁶ 一齣戲劇	yì chū xì (jù) 一出戏(剧)	A play	연극 한 편
	yat¹ chöt¹ hei³ 一齣戲	yí bù diàn yǐng 一部电影	A movie	영화 한 편
⑱ 條 tiu⁴ 장, 벌, 마리(길거나 얇은 사물을 셀 때 사용)	yat¹ tiu⁴ kwan⁴ 一條裙	yì tiáo qún zi 一条裙子	A dress	치마 한 장
	yat¹ tiu⁴ fu³ 一條褲	yì tiáo kù zi 一条裤子	A pair of pants	바지 한 장
	yat¹ tiu⁴ yü² 一條魚	yì tiáo yú 一条鱼	A fish	물고기 한 마리
⑲ 抽 chau¹ 묶음(묶음 단위를 셀 때 사용)	yat¹ chau¹ so² si⁴ 一抽鎖匙	yí chuàn yào shi 一串钥匙	A bunch of keys	열쇠 한 묶음
⑳ 把 ba² 자루(손잡이가 있는 물체를 셀 때 사용)	yat¹ ba² dou¹ 一把刀	yì bǎ dāo 一把刀	A knife	칼 한 자루
	yat¹ ba² zhe¹ 一把遮	yì bǎ sǎn 一把伞	An umbrella	우산 한 자루

양사	광둥어	중국어	영어	한국어
㉑ 班 baan¹ 조나 반으로 구성된 무리, 단체 / 교통 기관의 운행표, 노선	yat¹ baan¹ hok⁶ saang¹ 一班學生	yì bān xué sheng 一班学生	A group of students	학생 한 무리
	yat¹ baan¹ gei¹ 一班機	yì bān fēi jī 一班飞机	A flight	비행기 한 편
	yat¹ baan¹ fo² che¹ 一班火車	yì bān huǒ chē 一班火车	A train	기차 한 대
㉒ 次 chi³ 번, 차례(횟수)	yat¹ chi³ ging¹ yim⁶ 一次經驗	yí cì jīng yàn 一次经验	An experience	경험 한 번
	yat¹ chi³ wui⁶ min⁶ 一次會面	yí cì huì miàn 一次会面	A meeting	미팅 한 번
㉓ 場 chöng⁴ (문예·오락·체육·활동에서의) 차례, 번, 회 / 자연 현상 따위의 횟수를 셀 때 사용	yat¹ chöng⁴ bei² choi³ 一場比賽	yì cháng bǐ sài 一场比赛	A competition	시합 한 차례
	yat¹ chöng⁴ biu² yin² 一場表演	yì cháng biǎo yǎn 一场表演	A show	공연 한 차례
	yat¹ chöng⁴ yü⁵ 一場雨	yì cháng yǔ 一场雨	A heavy rain	비 한 차례
㉔ 頂 deng² 개(모자 따위를 셀 때 사용)	yat¹ deng² mou² 一頂帽	yì dǐng mào zi 一顶帽子	A hat / cap	모자 한 개

양사	광둥어	중국어	영어	한국어
㉕ 滴 dik⁶ 방울(둥글게 맺힌 액체 덩이를 셀 때 사용)	yat¹ dik⁶ söü² 一滴水	yì dī shuǐ 一滴水	A drop of water	물 한 방울
	yat¹ dik⁶ hon⁶ 一滴汗	yì dī hàn 一滴汗	A drop of sweat	땀 한 방울
	yat¹ dik⁶ hüt³ 一滴血	yì dī xiě 一滴血	A drop of blood	피 한 방울
㉖ 碟 dip⁶ 접시	yat¹ dip⁶ choi³ 一碟菜	yì dié / pán shū cài 一碟 / 盘蔬菜	A plate of vegetables	채소 한 접시
	yat¹ dip⁶ sung³ 一碟餸	yì dié / pán cài 一碟 / 盘菜	A dish of food	요리 한 접시
㉗ 朵 do² / dö² 송이(꽃을 셀 때 사용)	yat¹ do² / dö² fa¹ 一朵花	yì duǒ huā 一朵花	A flower	꽃 한 송이
㉘ 對 döü³ 쌍, 켤레	yat¹ döü³ faai³ zhi² 一對筷子	yì shuāng kuài zi 一双筷子	A pair of chopsticks	젓가락 한 쌍
	yat¹ döü³ haai⁴ 一對鞋	yì shuāng xié (zi) 一双鞋(子)	A pair of shoes	신발 한 켤레
	yat¹ döü³ mat⁶ 一對襪	yì shuāng wà zi 一双袜子	A pair of socks	양말 한 켤레
	yat¹ döü³ yi⁵ waan² 一對耳環	yí duì ěr huán 一对耳环	A pair of earrings	귀걸이 한 쌍
㉙ 塊 faai³ 조각	yat¹ faai³ beng² 一塊餅	yí kuài bǐng gān 一块饼干	A cookie	과자 한 조각
	yat¹ faai³ muk⁶ baan² 一塊木板	yí kuài mù bǎn 一块木板	A piece of wooden board	나무판자 한 조각

양사	광둥어	중국어	영어	한국어
㉚ 副 fu³ 벌(세트, 조를 이루는 물건을 셀 때 사용)	yat¹ fu³ pe¹ paai² 一副啤牌	yí fù pū kè 一副扑克	A stack of playing cards	포커 한 벌
	yat¹ fu³ ma⁴ zhök² 一副麻雀	yí fù má jiàng 一副麻将	A set of mahjong tiles	마작 한 벌
	yat¹ fu³ ngaan⁵ geng² 一副眼鏡	yí fù yǎn jìng 一副眼镜	A pair of glasses	안경 한 벌
㉛ 封 fung¹ 통(편지 혹은 메일을 셀 때 사용)	yat¹ fung¹ sön³ 一封信	yì fēng xìn 一封信	A letter	편지 한 통
	yat¹ fung¹ din⁶ yau⁴ 一封電郵	yì fēng diàn yóu 一封电邮	An e-mail	이메일 한 통
㉜ 架 ga³ 대(전자기기 혹은 기계 따위를 셀 때 사용)	yat¹ ga³ söng² gei¹ 一架相機	yí bù xiàng jī 一部相机	A camera	카메라 한 대
	yat¹ ga³ che¹ 一架車	yí liàng chē 一辆车	A car	자동차 한 대
	yat¹ ga³ fei¹ gei¹ 一架飛機	yí jià fēi jī 一架飞机	An airplane	비행기 한 대
㉝ 嚿 gau⁶ 개(불규칙한 모양이나 물체의 조각 따위를 셀 때 사용)	yat¹ gau⁶ chaat³ gaau¹ 一嚿擦膠	yí kuài xiàng pí 一块橡皮	A piece of eraser	지우개 한 개
	yat¹ gau⁶ laap⁶ saap³ 一嚿垃圾	yí ge lā jī 一个垃圾	A piece of litter	쓰레기 한 개
	yat¹ gau⁶ muk⁶ 一嚿木	yí kuài mù tou 一块木头	A log of wood	나무토막 한 개

양사	광둥어	중국어	영어	한국어
㉞ 吓 ha⁵ 번, 대(동작의 횟수를 셀 때 사용)	tek³ yat¹ ha⁵ 踢一吓	tī yí xià 踢一下	A kick	한 번 차다
	da² yat¹ ha⁵ 打一吓	dǎ yí xià 打一下	A hit / spank	한 대 치다
	siu³ yat¹ ha⁵ 笑一吓	xiào yí xià 笑一下	A smile	한 번 웃다
㉟ 盒 hap⁶ 상자(작은 상자를 셀 때 사용)	yat¹ hap⁶ beng² 一盒餅	yì hé bǐng gān 一盒饼干	A box of cookies	과자 한 상자
	yat¹ hap⁶ tong² 一盒糖	yì hé táng 一盒糖	A box of candies	사탕 한 상자
㊱ 行 hong⁴ 줄, 행(행이나 열을 이룬 것을 셀 때 사용)	yat¹ hong⁴ zhi⁶ 一行字	yì háng zì 一行字	A line of words	글씨 한 줄
	yat¹ hong⁴ 一行	yì háng 一行	A row	한 줄
㊲ 粒 lap¹ 톨, 알(곡식 혹은 작고 둥근 물체 따위를 셀 때 사용)	yat¹ lap¹ mai⁵ 一粒米	yí lì mǐ 一粒米	A grain of rice	쌀 한 톨
	yat¹ lap¹ tong² 一粒糖	yí lì táng 一粒糖	A candy	사탕 한 알
㊳ 樓 lau² 층	yat¹ lau² 一樓	yī lóu 一楼	First floor	1층

양사	광둥어	중국어	영어	한국어
(39) 籠 lung[4] 통(대나무 찜통)	yat¹ lung⁴ dim² sam¹ 一籠點心	yì lóng diăn xīn 一笼点心	dim sum	딤섬 한 통
(40) 匹 pat¹ 마리, 필(말 혹은 말려있는 천 따위를 셀 때 사용)	yat¹ pat¹ ma⁵ 一匹馬	yì pǐ mǎ 一匹马	A horse	말 한 마리
	yat¹ pat¹ bou³ 一匹布	yì pǐ bù 一匹布	A roll of cloth	천 한 필
(41) 片 pin³ 장, 조각, 슬라이스(평평하고 얇은 조각이나 작게 잘라진 것을 셀 때 사용)	yat¹ pin³ min⁶ baau¹ 一片麵包	yí piàn miàn bāo 一片面包	A slice of bread	빵 한 장
	yat¹ pin³ zhi¹ si² 一片芝士	yí piàn zhī shì 一片芝士	A slice of cheese	치즈 한 장
	yat¹ pin³ ning⁴ mung¹ 一片檸檬	yí piàn níng méng 一片柠檬	A slice of lemon	레몬 한 조각
(42) 歲 söü³ 살, 세(나이를 셀 때 사용)	yat¹ söü³ 一歲	yí suì 一岁	One year old	한 살
(43) 堂 tong⁴ 교시(수업 횟수를 셀 때 사용)	yat¹ tong⁴ 一堂	yì táng / yì jié 一堂 / 一节	A class	수업 한 교시

양사	광둥어	중국어	영어	한국어
㊹ 套 tou³ 벌, 세트, 시리즈	yat¹ tou³ sai¹ zhong¹ 一套西裝	yí tào xī zhuāng 一套西裝	A business suit	정장 한 벌
	yat¹ tou³ din⁶ si⁶ kek⁶ 一套電視劇	yí tào diàn shì jù 一套电视剧	A TV drama	드라마 한 시리즈
㊺ 盞 zhaan² 개, 등(등 따위를 셀 때 사용)	yat¹ zhaan² dang¹ 一盞燈	yì zhǎn dēng 一盏灯	A lamp / light	등불 한 개
㊻ 座 zho⁶ 개, 채(건물 혹은 산을 셀 때 사용)	yat¹ zho⁶ saan¹ 一座山	yí zuò shān 一座山	A mountain	산 한 개
	yat¹ zho⁶ daai⁶ ha⁶ 一座大廈	yí zuò dà shà 一座大厦	A building	빌딩 한 채
㊼ 種 zhung² 종류, 가지, 부류	yat¹ zhung² yan⁴ 一種人	yì zhǒng rén 一种人	A kind of people	한 종류의 사람
	yat¹ zhung² fong¹ faat³ 一種方法	yì zhǒng fāng fǎ 一种方法	A method	방법 한 가지

3 얌차(YAM CHA)

'얌차(飲茶, YAM CHA)'는 홍콩의 특별한 외식 문화입니다. 가족이나 친구들과 즐거운 얘기를 나누며 차를 마시고 다양한 딤섬을 먹는 외식 습관이라고 할 수 있습니다. 이 전통 외식 문화는 전세계적으로 널리 알려졌지만, 홍콩의 전통 찻집은 점점 줄어들고 있는 추세입니다.

'얌차'는 '차를 마시다'라는 뜻으로 '전통 찻집(茶樓, cha⁴ lau⁴)'이나 '중국식 식당(酒樓, zhau² lau⁴)'에서 '얌차'를 즐길 수 있습니다. 20세기 초 때만하더라도 홍콩에는 많은 전통 찻집이 있었고, 홍콩 사람들은 아침, 점심, 심지어 저녁에도 전통 찻집을 애용하고는 했습니다. 그러나 중국 식당들이 많이 생겨나면서 홍콩의 전통 찻집들은 조금씩 문을 닫게 되었고, 현재는 홍콩의 주요 전통 찻집은 두 곳 밖에 남지 않게 되었습니다. 그 중에 가장 유명한 찻집은 '陸羽茶室, Luk⁶ yü⁵ cha⁴ sat¹)' 입니다. 비록 가격은 비싼 편이지만, 연예인이나 정부 고위직들을 많이 볼 수 있는 찻집입니다.

전통 찻집 외에도 홍콩에서 '얌차'를 즐길 수 있는 곳이 바로 중국식 식당입니다. 중국식 식당에서는 딤섬 외에도 여러 가지 색다른 요리를 주문할 수 있습니다. 예를 들어 '홍콩식 구운 고기(燒味, siu¹ mei²)'와 '홍콩식 돌솥밥(煲仔飯, bou¹ zhai² faan⁶)'과 같은 다양한 전통 음식을 주문할 수 있으며, '광둥식 반찬(小菜, siu² choi³)'을 맛 볼 수도 있습니다.

중국식 식당에서 '얌차'를 즐기기 위해서는 아래의 시간대를 참고하세요.

Track 5-03

광둥어	중국어	한국어
zhou² cha⁴ 早茶	zǎo chá 早茶	아침 타임(오전 11시 이전)
ng⁵ si⁵ 午市	wǔ cān 午餐	점심 타임(오전 11시 – 오후 2시)
ha⁶ ng⁵ cha⁴ 下午茶	xià wǔ chá 下午茶	오후 타임(오후 2시 – 5시)

시간대에 따라 가격이 다른데, 일반적으로는 '오후 타임(下午茶, Ha⁶ ng⁵ cha⁴)'이 가장 저렴합니다.

다음은 '얌차'를 즐길 수 있는 몇 가지 팁입니다.

1) 리셉션 데스크

종업원이 '자리로 안내해 주기(帶位, daa³ wai²)' 위해 다음과 같이 물어볼 것입니다.

광둥어	중국어	한국어
Gei² do¹ wai² a³? 幾多位呀？	Qǐng wèn jǐ wèi? 请问几位？	몇 분이세요?

이때 우리는 '분(位, wai²)' 앞에 인원수만 붙여, 예를 들어 '네 명입니다.(四位。 Sei³ wai².)'라고 대답하면 됩니다. 그러면 종업원은 '이쪽입니다.(邊吖。 Ni¹ bin¹ a¹.)'라고 말하며 자리를 안내해 줄 것입니다. 보통 중국식 식당은 사람들이 많아서 줄을 서서 기다려야 하는 경우가 대부분이므로 미리 예약을 하는 것이 좋습니다. 줄을 서 있는 동안 종업원은 아래와 같이 물어볼 수 있습니다.

광둥어	중국어	한국어
Yau⁵ mou⁵ deng⁶ wai² a³? 有冇訂位呀？	Yǒu méi yǒu dìng wèi? 有没有订位？	예약하셨나요?

만약 미리 예약을 했다면 '예약했습니다, 저는 OO입니다.(有，我係……。(Yau⁵, ngo⁵ hai⁶…….)'라고 말하면 종업원이 자리로 안내해 줄 것입니다.

2) 차 주문하기

자리에 앉으면 종업원은 아래와 같이 물어볼 것입니다.

광둥어	중국어	한국어
Yam² mat¹ ye⁵ cha⁴ a³? 飲乜嘢茶呀?	Hē shén me chá? 喝什么茶?	무슨 차로 드릴까요?

● 흔히 볼 수 있는 차 종류

광둥어	중국어	한국어
söü² sin¹ 水仙	shuǐ xiān 水仙	수선차
höng¹ pin² 香片	huā chá 花茶	화차, 자스민티
pou² lei² 普洱	pǔ ěr 普洱	보이차
sau⁶ mei² 壽眉	shòu méi 寿眉	수미차

● 흔히 볼 수 없는 차 종류

광둥어	중국어	한국어
lung⁴ zheng² 龍井	lóng jǐng 龙井	용정차
tit³ gwun¹ yam¹ 鐵觀音	tiě guān yīn 铁观音	철관음
guk¹ pou² 菊普	jú pǔ 菊普	국화 보이차

그럼 우리는 아래와 같이 대답하여 주문할 수 있습니다.

광둥어	중국어	한국어
M⁴ goi¹ yiu³ yat¹ wu⁴······a¹. 唔該要一壺······吖。	Qǐng gěi wǒ yì hú······. 请给我一壶······。 Lái yì hú······. 来一壶······。	저기요, ○○차 하나 주세요.

물론 차뿐만 아니라, 뜨거운 물도 주문이 가능한데, 뜨거운 물은 '滾水, gwan² söü²'라고 합니다.

3) 딤섬 주문하기

딤섬이라는 요리는 '얌차'를 할 때 나오는 작은 반찬입니다. 딤섬에는 크게 두 가지 종류가 있는데, 하나는 '이미 만들어진 딤섬(既製, gei³ zhai³)'과 또 하나는 '즉석에서 만들어주는 딤섬(即製, zhik¹ zhai³)'이 있습니다.

한때는 딤섬을 미리 만들어 놓고 '車仔, che¹ zhai²'라고 불리는 카트에 실어 식당 안에서 이동하며 판매했지만, 현재는 대다수의 중국식 식당에서 안전상의 이유로 종업원들이 직접 쟁반을 들고 다니며 판매하고 있습니다. 반면에 '即製, zhik¹ zhai³'는 주문이 들어오면 조리를 시작합니다.

또한 딤섬 가격은 크게 4가지로 나눌 수 있는데, '디럭스(特點, dak⁶ dim²)', '라지(大點, daai⁶ dim²)', '미디엄(中點, zhung¹ dim²)' '스몰(小點, siu² dim²)'이 있습니다. 가격은 사이즈가 아닌 사용된 재료에 따라 달라지며, 특별한 딤섬들은 가격이 별도로 표기되어 있습니다.

보통 메뉴판을 보고 딤섬을 주문하는데, 만약 테이블에 메뉴판이 없다면 종업원에게 '저기요, 메뉴판 좀 주세요.(唔該俾個菜牌我吖。 M⁴ goi¹ bei² go³ choi³ paai² ngo⁵ a¹.)'라고 요청하면 됩니다.

이외에도 딤섬은 '메인 요리(鹹點, haam⁴ dim²)'와 '디저트(甜點 tim⁴ dim², 甜品 tim⁴ ban²)'로 나뉩니다. 따라서 아래와 같이 주문할 수 있습니다.

Track 5-06

광둥어	중국어	한국어
M⁴ goi¹ yiu³ yat¹ lung⁴······a¹. 唔該要一籠······吖。	Qǐng gěi wǒ yì lóng······. 请给我一笼······。 Lái yì lóng······. 来一笼······。	저기요, ~한 통 주세요.

원하는 숫자와 양사 뒤에 딤섬의 이름을 붙여 주문하면 됩니다. 딤섬은 보통 '대나무 찜통(籠, lung⁴)'에 나오는데, 간혹 '접시(碟, dip⁶)'나 '그릇(碗, wun²)'에 나오는 딤섬도 있습니다. 그릇은 대개 쌀밥류 음식을 담을 때 사용됩니다.

주문한 딤섬이 나오면, 종업원은 주문 내역서에 도장을 찍어 서빙 기록을 남깁니다.

4) 딤섬 주문서 양식

6

枱 號

經 手

╳ ╳ 海 鮮 酒

蒸 蒸 日 上

01 潮 洲 蒸 粉 果 (小) ☐

02 薑 葱 牛 柏 葉 (大) ☐

03 四 寶 滑 雞 札 (大) ☐

2

04 鮑 汁 鮮 竹 卷 (中) ☐

05 山 竹 牛 肉 球 (小) ☐

06 千 層 馬 拉 糕 (小) ☐

07 水 晶 鮮 蝦 餃 (中) ☐

08 鮮 蝦 燒 賣 皇 (大) ☐

09 蜜 汁 叉 燒 包 (小) ☐

10 豉 汁 蒸 鳳 爪 (小) ☐

11 北 菇 蒸 雞 飯 (小) ☐

12 鳳 爪 排 骨 飯 (小) ☐

13 蜜 汁 叉 燒 腸 (小) ☐

14 瑤 柱 珍 珠 雞 (特) ☐

15 流 沙 奶 黃 飽 (中) ☐

1 點 心 價 格 ： 小 點 ＄ 1 4 . 中 點 ＄

---

1 딤섬 가격은 '대, 중, 소(**大中小點**, daai[6] zhung[1] siu[2] dim[2])' 등으로 구별되므로 가격을 눈여겨 봐야 합니다. (가끔 주문서에 가격이 표시되지 않은 경우도 있습니다.)

2 '대, 중, 소(**大中小點**, daai[6] zhung[1] siu[2] dim[2])'는 딤섬 메뉴 옆에 표기되어 있습니다.

3 딤섬이 아닌 특별 메뉴는 가격이 별도로 표기되어 있습니다.

DIM點心SUM

炸 焗 點 心

16 和 風 炸 春 卷 (中) ☐

17 脆 皮 鹹 水 角 (小) ☐

18 蝦 米 煎 腸 粉 (中) ☐

19 香 煎 蘿 蔔 糕 (中) ☐

特 色 小 食

20 鮮 蝦 炸 雲 吞 (小) ☐

21 招 牌 燒 腩 仔 ($38) ☐

22 柴 魚 花 生 粥 (小) ☐

23 海 蜇 拼 燻 蹄 [3] ($38) ☐

24 迷 你 蛋 撻 (小) ☐

[4] 特 別 甜 品

25 椰 香 喳 咋 (小) ☐

26 紅 / 綠 豆 沙 (小) ☐

27 香 滑 芝 蔴 糊 (小) ☐

28 芒 果 布 甸 (中) ☐

29 椰 汁 西 米 露 (中) ☐

30 杞 子 桂 花 糕 (中) ☐ [5]

18. 大 點 $ 2 2 . 特 點 $ 2 6 . 頂 點 $ 3 0

[4] 딤섬은 종류별로 분류되어 있습니다.

[5] 빈칸에 주문 수량을 기재하면 됩니다.

[6] 음식이 정확하게 올 수 있도록 '테이블 번호(枱號, toi² hou⁶)'를 기재해 주는 것이 좋습니다.
그리고 주문을 받는 종업원은 '접수인(經手, ging¹ sau²)'이라는 빈칸에 사인을 합니다.

5) 홍콩에서 흔히 볼 수 있는 딤섬

	광둥어	중국어	영어	한국어
1	ha¹ gaau² 蝦餃	xiā jiǎo 虾饺	Steamed shrimp dumplings	새우 교자
2	siu¹ maai² 燒賣	shāo mài 烧卖	Steamed pork dumplings	돼지고기 만두
3	fung⁶ zhaau² 鳳爪	fèng zhǎo 凤爪	Chicken feet	닭발
4	paai⁴ gwat¹ 排骨	pái gǔ 排骨	Spare ribs	갈비찜
5	saan¹ zhuk¹ ngau⁴ yuk⁶ 山竹牛肉	shān zhú niú ròu 山竹牛肉	Steamed beef balls with bean curd sheets	소고기 볼
6	fan² gwo² 粉粿	fěn guǒ 粉粿	Dumplings with pork and peanuts	돼지고기와 땅콩이 들어간 만두
7	ngau⁴ paak³ yip⁶ 牛柏葉	niú bǎi yè 牛百叶	Tripe	양념 소천엽찜
8	sin¹ zhuk¹ gün² 鮮竹卷	xiān zhú juǎn 鮮竹卷	Assorted meat wrapped in bean curd sheets	찐 두부껍질 말이

	광둥어	중국어	영어	한국어
9	gai¹ zhaat⁶ 雞札	jī zhá 鸡扎	Chicken, taro and fish maw wrapped in tofu skin	닭고기 두부껍질 말이
10	chöng² fan² 腸粉	cháng fěn 肠粉	Steamed rice-flour rolls	얇은 쌀피로 만든 롤
11	cha¹ siu¹ chöng² 叉燒腸	chā shāo cháng 叉烧肠	Steamed rice-flour rolls with Chinese barbecued pork	구운 돼지고기로 만든 쌀롤
12	zhan¹ zhü¹ gai¹ 珍珠雞	zhēn zhū jī 珍珠鸡	Mini-size sticky rice wrapped in lotus leaves	닭고기 연잎밥
13	cha¹ siu¹ baau¹ 叉燒包	chā shāo bāo 叉烧包	Steamed barbecued pork bun	구운 돼지고기로 만든 찐빵
14	naai⁵ wong⁴ baau¹ 奶黃包	nǎi huáng bāo 奶黄包	Steamed egg yolk bun	커스터드 크림이 들어간 찐빵
15	ma⁵ laai¹ gou¹ 馬拉糕	mǎ lā gāo 马拉糕	Steamed Cantonese cake	광둥식 스펀지 케이크
16	chaai⁴ yü⁴ fa¹ sang¹ zhuk¹ 柴魚花生粥	chái yú huā shēng zhōu 柴鱼花生粥	Dried fish and peanuts congee	말린 생선과 땅콩이 들어간 죽
17	fung⁶ zhaau² paai⁴ gwat¹ faan⁶ 鳳爪排骨飯	fèng zhǎo pái gǔ zhēng fàn 凤爪排骨蒸饭	Steamed rice with spare ribs and chicken feet	양념 닭발과 갈비찜밥

ha¹ gaau²

蝦餃

xiā jiǎo

虾饺

Steamed shrimp dumplings

새우 교자

siu¹ maai²

燒賣

shāo mài

烧卖

Steamed pork dumplings

돼지고기 만두

fung⁶ zhaau²

鳳爪

fèng zhǎo

凤爪

Chicken feet

닭발

paai⁴ gwat¹

排骨

pái gǔ

排骨

Spare ribs

갈비찜

saan¹ zhuk¹ ngau⁴ yuk⁶

山竹牛肉

shān zhú niú ròu

山竹牛肉

Steamed beef balls with bean curd sheets

소고기 볼

fan² gwo²

粉粿

fěn guǒ

粉粿

Dumplings with pork and peanuts

돼지고기와 땅콩이 들어간 만두

ngau⁴ paak³ yip⁶

牛柏葉

niú bǎi yè

牛百叶

Tripe

양념 소천엽찜

sin¹ zhuk¹ gün²

鮮竹卷

xiān zhú juǎn

鮮竹卷

Assorted meat wrapped in bean curd sheets

찐 두부껍질 말이

gai¹ zhaat⁶

雞札

jī zhá

鸡扎

Chicken, taro and fish maw wrapped in tofu skin

닭고기 두부껍질 말이

chöng² fan²

腸粉

cháng fěn

肠粉

Steamed rice-flour rolls

얇은 쌀피로 만든 롤

cha¹ siu¹ chöng²

叉燒腸

chā shāo cháng

叉烧肠

Steamed rice-flour rolls with Chinese barbecued pork

구운 돼지고기로 만든 쌀롤

zhan¹ zhü¹ gai¹

珍珠雞

zhēn zhū jī

珍珠鸡

Mini-size sticky rice wrapped in lotus leaves

닭고기 연잎밥

cha¹ siu¹ baau¹

叉燒包

chā shāo bāo

叉烧包

Steamed barbecued pork bun

구운 돼지고기로 만든 찐빵

naai⁵ wong⁴ baau¹

奶黃包

nǎi huáng bāo

奶黄包

Steamed egg yolk bun

커스터드 크림이 들어간 찐빵

ma⁵ laai¹ gou¹

馬拉糕

mǎ lā gāo

马拉糕

Steamed Cantonese cake

광둥식 스펀지 케이크

chaai⁴ yü⁴ fa¹ sang¹ zhuk¹

柴魚花生粥

chái yú huā shēng zhōu

柴鱼花生粥

Dried fish and peanuts congee

말린 생선과 땅콩이 들어간 죽

fung⁶ zhaau² paai⁴ gwat¹ faan⁶

鳳爪排骨飯

fèng zhǎo pái gǔ zhēng fàn

凤爪排骨蒸饭

Steamed rice with spare ribs and chicken feet

양념 닭발과 갈비찜밥

6) 일반 디저트 및 별미

	광둥어	중국어	영어	한국어
1	daan⁶ taat¹ 蛋撻	dàn tà 蛋挞	Egg custard tart	에그 타르트
2	zha¹ zha⁴ 喳咋	zhā zǎ 喳咋	Assorted beans sweet soup	단팥죽
3	hung⁴ / luk⁶ dau² sa¹ 紅/綠豆沙	hóng / lǜ dòu shā 红/绿豆沙	Red bean soup / mung bean soup	팥죽, 녹두죽
4	zhi¹ ma⁴ wu² 芝蔴糊	zhī ma hú 芝麻糊	Sesame sweet soup	검은깨죽
5	mong¹ gwo² bou³ din¹ 芒果布甸	máng guǒ bù dīng 芒果布丁	Mango pudding	망고 푸딩
6	sai¹ mai⁵ lou⁶ 西米露	xī mǐ lù 西米露	Sago in coconut milk	사고와 코코넛 밀크를 섞어서 만든 수프식 디저트
7	gwai³ fa¹ gou¹ 桂花糕	gùi huā gāo 桂花糕	Jelly cake with Chinese herbs	계화꽃 젤리
8	hoi² zhit³ fan¹ tai⁴ 海蜇燻蹄	hǎi zhé xūn tí 海蜇熏蹄	Spicy jelly fish with pork knuckle	해파리 무침과 훈제 족발

	광둥어	중국어	영어	한국어
9	siu¹ naam⁵ zhai² 燒腩仔	shāo nǎn 燒腩	Roasted pork belly	광둥식 구운 돼지고기
10	zha³ wan⁴ tan¹ 炸雲吞	zhá yún tūn 炸云吞	Deep-fried shrimp wonton	교자 튀김
11	lo⁴ baak⁶ gou¹ 蘿蔔糕	luó bo gāo 萝卜糕	Radish cake	무를 넣어 만든 케이크
12	haam⁴ söü² gok³ 鹹水角	xián shuǐ jiǎo 咸水角	Deep fried meat dumplings	찹쌀 도넛
13	chön¹ gün² 春卷	chūn juǎn 春卷	Deep-fried spring rolls	춘권
14	bok⁶ chaang¹ 薄鐺	jiān bǐng 煎饼	A thin pancake made of millet flour	전병
15	wong⁴ gam¹ gou¹ 黃金糕	huáng jīn gāo 黃金糕	Golden pudding (Coconut milk cake)	코코넛 밀크 케이크
16	zhin¹ döü¹ 煎堆	jiān duī 煎堆	Sesame balls / sesame doughnuts	참깨볼
17	daan⁶ saan² 蛋散	dàn sàn 蛋散	Deep-fried sweet egg pastry	에그 페스츄리

daan⁶ taat¹

蛋撻

dàn tà

蛋挞

Egg custard tart

에그 타르트

zha¹ zha⁴

喳咋

zhā zǎ

喳咋

Assorted beans sweet soup

단팥죽

hung⁴ / luk⁶ dau² sa¹

紅 / 綠豆沙

hóng / lǜ dòu shā

红 / 绿豆沙

Red bean soup /
mung bean soup

팥죽, 녹두죽

zhi¹ ma⁴ wu²

芝麻糊

zhī ma hú

芝麻糊

Sesame sweet soup

검은깨죽

mong¹ gwo² bou³ din¹

芒果布甸

máng guǒ bù dīng

芒果布丁

Mango pudding

망고 푸딩

sai¹ mai⁵ lou⁶

西米露

xī mǐ lù

西米露

Sago in coconut milk

사고와 코코넛 밀크를 섞어서
만든 수프식 디저트

gwai³ fa¹ gou¹

桂花糕

gùi huā gāo

桂花糕

Jelly cake with Chinese herbs

계화꽃 젤리

hoi² zhit³ fan¹ tai⁴

海蜇燻蹄

hǎi zhé xūn tí

海蜇熏蹄

Spicy jelly fish with pork
knuckle

해파리 무침과 훈제 족발

siu¹ naam⁵ zhai²

燒腩仔

shāo nǎn

烧腩

Roasted pork belly

광둥식 구운 돼지고기

zha³ wan⁴ tan¹

炸雲吞

zhá yún tūn

炸云吞

Deep-fried shrimp wonton

교자 튀김

lo⁴ baak⁶ gou¹

蘿蔔糕

luó bo gāo

萝卜糕

Radish cake

무를 넣어 만든 케이크

haam⁴ söü² gok³

鹹水角

xián shuǐ jiǎo

咸水角

Deep-fried meat dumplings

찹쌀 도넛

chön¹ gün²

春卷

chūn juǎn

春卷

Deep-fried spring rolls

춘권

bok⁶ chaang¹

薄鏛

jiān bǐng

煎饼

A thin pancake made of millet flour

전병

wong⁴ gam¹ gou¹

黃金糕

huáng jīn gāo

黄金糕

Golden pudding (Coconut milk cake)

코코넛 밀크 케이크

zhin¹ döü¹

煎堆

jiān duī

煎堆

Sesame balls / sesame doughnuts

참깨볼

daan⁶ saan²

蛋散

dàn sàn

蛋散

Deep-fried sweet egg pastry

에그 페스츄리

7) 계산하기

마지막으로 계산할 때에는 도장이 찍힌 주문서를 종업원에게 주며 '계산해 주세요(埋單。Maai⁴ daan¹.)'라고 말하면 됩니다. 그러면 종업원은 주문서를 캐셔에게 주고 계산서를 받아와 손님에게 주게 되는데, 이때 거스름돈이 필요없다면 '거스름돈은 됐어요.(唔使找。M⁴ sai² zhaau².)'라고 말하면 됩니다. 한편 홍콩에서 팁을 주는 것은 암묵적인 에티켓으로 가급적 거스름돈은 팁으로 주는 것이 좋습니다.

다음은 '얌차 예절'에 관한 팁입니다.

1) 테이블 두드리기

'얌차'를 하는 동안 몇 가지 지켜야 할 테이블 매너가 있습니다. 예를 들어 빈 잔을 채울 때는 항상 상대방의 '찻잔(茶杯, cha⁴ bui¹)'을 먼저 채워줘야 한다거나, 상대방이 잔을 채워 줬을 경우 받는 사람은 중지와 검지를 구부리고 테이블에 가볍게 톡톡 두드려 감사함을 표시해야 하는 등의 기본적인 에티켓이 있습니다. 이렇게 손가락을 구부리는 행위(현대에 들어서는 직접적으로 감사하다고 말로 표현하기도 합니다.)는 청나라 건륭제 시대에서부터 시작됐을 것이라는 추측도 있으며, 이러한 행동들은 중국식 차를 마시는 사람들에게 있어서 매우 익숙한 습관이라고 할 수 있습니다.

2) 찻주전자(차호) 리필하기

만약 '찻주전자(茶壺, cha⁴ wu²)'에 물이 다 떨어져 리필이 필요하다면 종업원이 뜨거운 물을 부어줄 수 있도록 주전
자의 뚜껑을 열어 놓으면 됩니다. 혹은 종업원에게 직접 '뜨거운 물 좀 주세요.(唔該加水吖。 M⁴ goi¹ ga¹ söü² a¹.)'
라고 말하면 됩니다.

3) 기타 비용

계산서에서 딤섬과 차를 제외하고 '茶芥, cha⁴ gaai³'라는 항목을 볼 수 있는데, 이 비용은 찻잎값입니다. 이는 일부
식당에서 딤섬이 나오기 전에 주는 칠리소스, 땅콩 혹은 기타 주전부리, 즉 우리나라의 밑반찬에 해당되는 것들입니다.
이 외에도 '加一, ga¹ yat¹'라는 10%의 서비스 비용(服務費, fuk⁶ mou⁶ fai³)을 지불해야 합니다. 만약 중국 설날(음
력 1월 1일)인 '農曆新年, nung⁴ lik⁶ san¹ nin⁴'에 찻집을 방문한다면 평소의 10%보다 더 많은 서비스 비용을 지불해
야 할 수도 있습니다.

8) 얌차할 때 일상 대화

	광둥어
종업원	Nei⁵ dei⁶ gei² do¹ wai² a³? 你哋幾多位呀？
손님 A	M⁴ goi¹ löng⁵ wai² a¹. 唔該兩位吖。
종업원	Ching² höü³ sap⁶ yi⁶ hou⁶ toi². 請去12號枱。 Nei⁵ dei⁶ yam² mat¹ ye⁵ cha⁴ a³? 你哋飲乜嘢茶呀？
손님 A	M⁴ goi¹, yiu³ yat¹ wu⁴ höng¹ pin² a¹. 唔該，要一壺香片吖。
손님 B	Hou² tou⁵ ngo⁶ a³. Ngo⁵ dei⁶ sik⁶ mat¹ ye⁵ dim² sam¹ a³? 好肚餓呀。我哋食乜嘢點心呀？
손님 A	Ngo⁵ yiu³ löng⁵ lung⁴ ha¹ gaau², 我要兩籠蝦餃， yat¹ lung⁴ siu¹ maai². Nei⁵ ne¹? 一籠燒賣。你呢？
손님 B	Ngo⁵ yiu³ yat¹ dip⁶ chön¹ gün² tung⁴ mai⁴ 我要一碟春卷同埋 yat¹ go³ mong¹ gwo² bou³ din¹. 一個芒果布甸。 Hou² baau² a³. M⁴ goi¹ maai⁴ daan¹. 好飽呀。唔該埋單。
종업원	Do² zhe⁶. Yat¹ baak³ yi⁶ sap⁶ baat³ man¹. 多謝。128蚊。
손님 A	Ni¹ dou⁶ yat¹ baak³ saam¹ sap⁶ man¹. M⁴ sai² zhaau². 呢度130蚊。唔使找。

중국어	한국어
Qǐng wèn nǐ men jǐ wèi? 请问你们几位？	몇 분이세요?
Liǎng wèi. 两位。	두 명이에요.
Qǐng qù shí èr hào zhuō. 请去12号桌。	12번 테이블로 가세요.
Nǐ men hē shén me chá? 你们喝什么茶？	어떤 차를 드릴까요?
Qǐng lái yì hú huā chá. 请来一壶花茶。	화차 하나 주세요.
Hǎo è a. Wǒ men chī shén me diǎn xīn a? 好饿啊。我们吃什么点心啊？	너무 배고파. 우리 딤섬은 무엇을 먹을까?
Wǒ yào liǎng lóng xiā jiǎo, 我要两笼虾饺， yì lóng shāo mài. Nǐ ne? 一笼烧卖。你呢？	나는 새우 만두 두 통이랑 돼지고기 만두 한 통을 원해. 너는?
Wǒ yào yì dié chūn juǎn hé 我要一碟春卷和 yí fèn máng guǒ bù dīng. 一份芒果布丁。 Chī bǎo la. Mǎi dān. 吃饱啦。买单。	나는 춘권 한 접시랑 망고 푸딩 1인분을 원해. 배불러. 실례합니다만, 계산해 주세요.
Xiè xie. Yí gòng yì bǎi èr shí bā kuài. 谢谢。一共128块。	감사합니다. 총 128 달러입니다.
Zhè li yì bǎi sān shí kuài. Bú yòng zhǎo le. 这里130块。不用找了。	여기 130 달러요. 거스름돈은 필요 없습니다.

1) 조리 방식

Track 5-10

	광둥어	중국어	영어	한국어
1	zhin¹ 煎	jiān 煎	Fry	(전을) 부치다, (기름에) 지지다
2	chaau² 炒	chǎo 炒	Stir-fry	볶다
3	zhü² 煮	zhǔ 煮	Boil / cook	끓이다, 삶다
4	zha³ 炸	zhá 炸	Deep-fry	튀기다
5	baak⁶ chök³ / luk⁶ 白灼/爉	bái zhuó / tàng 白灼/烫	Boil in hot water	물에 데치다
6	bou¹ 煲	bāo 煲	Stew / cook	(솥, 냄비로) 끓이다
7	guk⁶ 焗	jú 焗	Bake	(오븐으로) 굽다
8	zhing¹ 蒸	zhēng 蒸	Steam	찌다
9	siu¹ 燒	shāo 烧	Roast / grill	굽다

2) 양념

	광둥어	중국어	영어	한국어
1	si⁶ yau⁴ 豉油	chǐ yóu 豉油	Cook with soy sauce	간장
2	hou⁴ yau⁴ 蠔油	háo yóu 蚝油	Cook with oyster sauce	굴소스
3	si⁶ zhiu¹ 豉椒	chǐ jiāo 豉椒	Fry with green peppers and fermented soybeans	발효된 검은콩과 피망으로 볶다
4	saang¹ chaau² 生炒	shēng chǎo 生炒	Quick-fry (vinegar flavored)	간을 하지 않고 볶다
5	ha¹ zhöng³ 蝦醬	xiā jiàng 虾酱	Cook with shrimp paste	새우젓
6	hung⁴ siu¹ 紅燒	hóng shāo 红烧	Braise with soy sauce	간장소스에 검붉게 졸이다
7	ngau⁴ yau⁴ 牛油	niú yóu 牛油	Cook with butter	버터 맛
8	göng¹ chung¹ 薑葱	jiāng cōng 姜葱	Stir-fry with shredded ginger and spring onions	생강과 대파로 볶다

3) 주식

 Track 5-12

	광둥어	중국어	영어	한국어
1	faan⁶ 飯	fàn 饭	Rice	밥
2	zhuk¹ 粥	zhōu 粥	Congee	죽
3	mai⁵ sin³ 米線	mǐ xiàn 米线	Round rice noodles	두꺼운 쌀국수
4	mai⁵ fan² 米粉	mǐ fěn 米粉	Rice vermicelli	얇은 쌀국수
5	ho² fan² 河粉	hé fěn 河粉	Flat rice noodles	넓은 쌀국수
6	laai⁶ fan² 瀨粉	lài fěn 濑粉	Rice spaghetti	굵은 쌀가루
7	chou¹ min⁶ 粗麵	cū miàn 粗面	Broad egg noodles	굵은 중화면
8	yau³ min⁶ 幼麵	yòu miàn 幼面	Fine egg noodles	얇은 중화면
9	gung¹ zhai² min⁶ 公仔麵	fāng biàn miàn 方便面	Instant noodles	인스턴트 라면
10	laai¹ min⁶ 拉麵	lā miàn 拉面	Ramen	라면

4) 고기와 생선

	광둥어	중국어	영어	한국어
1	cha¹ siu¹ 叉燒	chā shāo 叉烧	Chinese-style barbecued pork	중국식 바비큐 고기
2	gai¹ 雞	jī 鸡	Chicken	닭
3	aap² / aap³ 鴨	yā 鸭	Duck	오리
4	ngo² 鵝	é 鹅	Goose	거위
5	yü⁵ gaap³ 乳鴿	rǔ gē 乳鸽	Pigeon	식용 비둘기
6	ngau⁴ yuk⁶ 牛肉	niú ròu 牛肉	Beef	소고기
7	zhü¹ yuk⁶ 豬肉	zhū ròu 猪肉	Pork	돼지고기
8	yöng⁴ yuk⁶ 羊肉	yáng ròu 羊肉	Lamb / mutton	양고기
9	paai⁴ gwat¹ 排骨	pái gǔ 排骨	Spare rib	갈비
10	lung⁴ ha¹ 龍蝦	lóng xiā 龙虾	Lobster	랍스타
11	daai³ zhi² 帶子	shàn bèi 扇贝	Scallop	관자
12	haai⁵ 蟹	xiè 蟹	Crab	게
13	yü² 魚	yú 鱼	Fish	생선
14	fo² töü² 火腿	huǒ tuǐ 火腿	Ham	햄

cha¹ siu¹

叉燒

chā shāo

叉烧

Chinese-style
barbecued pork

홍콩식 바비큐 고기

gai¹

雞

jī

鸡

Chicken

닭

aap² / aap³

鴨

yā

鸭

Duck

오리

ngo²

鵝

é

鹅

Goose

거위

yü⁵ gaap³

乳鴿

rǔ gē

乳鸽

Pigeon

식용 비둘기

lung⁴ ha¹

龍蝦

lóng xiā

龙虾

Lobster

랍스타

daai³ zhi²

帶子

shàn bèi

扇贝

Scallop

관자

haai⁵

蟹

xiè

蟹

Crab

게

yü²

魚

yú

鱼

Fish

생선

5) 야채

	광둥어	중국어	영어	한국어
1	faan¹ ke² 蕃茄	fān qié / xī hóng shì 番茄 / 西红柿	Tomato	토마토
2	faan¹ sü² 蕃薯	gān shǔ / fān shǔ / dì guā 甘薯 / 番薯 / 地瓜	Sweet potato	고구마
3	baak⁶ choi³ 白菜	qīng cài 青菜	Chinese cabbage	청경채
4	gaai³ laan² 芥蘭	jiè lán / gài lán 芥兰 / 芥蓝	Chinese broccoli	가이란
5	choi³ sam¹ 菜心	cài xīn 菜心	Shanghai greens / choi sum	초이삼, 채심
6	tung¹ choi³ 通菜	kōng xīn cài 空心菜	Water spinach	공심채
7	saang¹ choi³ 生菜	shēng cài 生菜	Lettuce	상추
8	dau⁶ miu⁴ 豆苗	dòu miáo 豆苗	Pea sprout	두묘
9	nga⁴ choi³ 芽菜	dòu yá cài 豆芽菜	Bean sprout	숙주

음식

	광둥어	중국어	영어	한국어
10	hung⁴ lo⁴ baak⁶ 紅蘿蔔	hóng luó bo 红萝卜	Carrot	당근
11	baak⁶ lo⁴ baak⁶ 白蘿蔔	bái luó bo 白萝卜	Turnip / White radish	무
12	cheng¹ gwa¹ 青瓜	huáng guā 黄瓜	Cucumber	오이
13	sai¹ laan⁴ fa¹ 西蘭花	xī lán huā / huā yē cài 西兰花 / 花椰菜	Broccoli	브로콜리
14	sü⁴ zhai² 薯仔	tǔ dòu / mǎ líng shǔ 土豆 / 马铃薯	Potato	감자
15	lin⁴ ngau⁵ 蓮藕	lián ǒu 莲藕	Lotus root	연근
16	yin⁶ choi³ 莧菜	xiàn cài 苋菜	Chinese spinach	비름
17	bo¹ choi³ 菠菜	bō cài 菠菜	Spinach	시금치
18	gau² choi³ 韭菜	jiǔ cài 韭菜	Chinese chive / leek	부추

faan¹ sü²
蕃薯
gān shǔ / fān shǔ / dì guā
甘薯 / 番薯 / 地瓜
Sweet potato
고구마

baak⁶ choi³
白菜
qīng cài
青菜
Chinese cabbage
청경채

gaai³ laan²
芥蘭
jiè lán / gài lán
芥兰 / 芥蓝
Chinese broccoli
가이란

tung¹ choi³
通菜
kōng xīn cài
空心菜
Water spinach
공심채

saang¹ choi³
生菜
shēng cài
生菜
Lettuce
상추

dau⁶ miu⁴
豆苗
dòu miáo
豆苗
Pea Sprout
두묘

lin⁴ ngau⁵
蓮藕
lián ǒu
莲藕
Lotus root
연근

yin⁶ choi³
莧菜
xiàn cài
苋菜
Chinese spinach
비름

gau² choi³
韭菜
jiǔ cài
韭菜
Chinese chive / leek
부추

6) 과일

	광둥어	중국어	영어	한국어
1	chaang² 橙	chéng 橙	Orange	오렌지
2	lei² 梨	lí 梨	Pear	배
3	tou² 桃	táo 桃	Peach	복숭아
4	zhe³ 蔗	gān zhè 甘蔗	Sugar cane	사탕수수
5	ping⁴ gwo² 蘋果	píng guǒ 苹果	Apple	사과
6	sai¹ gwa¹ 西瓜	xī guā 西瓜	Water melon	수박
7	höng¹ zhiu¹ 香蕉	xiāng jiāo 香蕉	Banana	바나나
8	mong¹ gwo² 芒果	máng guǒ 芒果	Mango	망고
9	lau⁴ lin⁴ 榴槤	liú lián 榴莲	Durian	두리안
10	muk⁶ gwa¹ 木瓜	mù guā 木瓜	Papaya	모과, 파파야
11	ye⁴ zhi² 椰子	yē zi 椰子	Coconut	코코넛

	광둥어	중국어	영어	한국어
12	sai¹ yau² 西柚	xī yòu 西柚	Grapefruit	자몽
13	lung⁴ ngaan⁵ 龍眼	lóng yǎn 龙眼	Longan	롱간
14	lai⁶ zhi¹ 荔枝	lì zhī 荔枝	Lychee	리치
15	tai⁴ zhi² 提子	pú tao 葡萄	Grape	포도
16	yöng⁴ tou² 楊桃	yáng táo 杨桃	Star fruit	스타후루츠
17	che¹ lei⁴ zhi² 車厘子	yīng táo 櫻桃	Cherry	앵두, 체리
18	kei⁴ yi⁶ gwo² 奇異果	qí yì guǒ 奇异果	Kiwi	키위
19	bo¹ lo⁴ 菠蘿	bō luó 菠萝	Pineapple	파인애플
20	ha¹ mat⁶ gwa¹ 哈蜜瓜	hā mì guā 哈蜜瓜	Hami melon	하미과
21	si⁶ do¹ be¹ lei² 士多啤梨	cǎo méi 草莓	Strawberry	딸기

chaang²

橙

chéng

橙

Orange

오렌지

lei²

梨

lí

梨

Pear

배

tou²

桃

táo

桃

Peach

복숭아

zhe³

蔗

gān zhè

甘蔗

Sugar cane

사탕수수

ping⁴ gwo²

蘋果

píng guǒ

苹果

Apple

사과

sai¹ gwa¹

西瓜

xī guā

西瓜

Water melon

수박

höng¹ zhiu¹

香蕉

xiāng jiāo

香蕉

Banana

바나나

muk⁶ gwa¹

木瓜

mù guā

木瓜

Papaya

모과, 파파야

lai⁶ zhi¹

荔枝

lì zhī

荔枝

Lychee

리치

tai⁴ zhi²
提子

pú tao
葡萄

Grape

포도

che¹ lei⁴ zhi²
車厘子

yīng táo
櫻桃

Cherry

앵두, 체리

kei⁴ yi⁶ gwo²
奇異果

qí yì guǒ
奇异果

Kiwi

키위

ha¹ mat⁶ gwa¹
哈蜜瓜

hā mì guā
哈蜜瓜

Hami melon

하미과

si⁶ do¹ be¹ lei²
士多啤梨

cǎo méi
草莓

Strawberry

딸기

7) 홍콩 현지 음료 및 군것질거리

Track 5-16

	광둥어	중국어	영어	한국어
1	yün¹ yöng¹ 鴛鴦	yuān yāng 鸳鸯	Coffee with milk tea	밀크티 커피
2	ng⁵ fa¹ cha⁴ 五花茶	wǔ huā chá 五花茶	Chinese tea with five herbs	오화차
3	gwai¹ ling⁴ gou¹ 龜苓膏	guī líng gāo 龟苓膏	Tortoise jelly	거북이 젤리
4	bo¹ lo⁴ baau¹ 菠蘿包	bō luó bāo 菠萝包	Pineapple bun	파인애플번
5	gai¹ daan⁶ zhai² 雞蛋仔	jī dàn zǎi 鸡蛋仔	Egg waffles	에그 와플
6	zhin¹ yöng⁶ saam¹ bou² 煎釀三寶	jiān niàng sān bǎo 煎酿三宝	Fried green pepper, eggplant and tofu stuffed with fish paste	가지, 고추, 소시지 등에 잘게 간 생선을 묻힌 후 튀기는 분식
7	wun² zhai² chi³ 碗仔翅	wǎn zǎi chì 碗仔翅	Faux shark's fin soup	샥스핀 수프
8	wan⁴ tan¹ min⁶ 雲吞麵	hún tún miàn 馄饨面	Won-ton noodles	새우 만두면
9	yü⁴ daan² 魚蛋	yú wán 鱼丸	Fishballs	피쉬볼

	광둥어	중국어	영어	한국어
10	gaak³ zhai² beng² 格仔餅	huá fū bǐng 华夫饼	Waffles with sugar and peanut butter	설탕과 땅콩버터를 곁들인 와플
11	chaau² löt⁶ zhi² 炒栗子	chǎo lì zi 炒栗子	Fried chestnuts	군밤
12	wui¹ faan¹ sü² 煨蕃薯	kǎo dì guā 烤地瓜	Baked sweet potato	군고구마
13	yau⁴ zha³ gwai² 油炸鬼	yóu tiáo 油条	Deep-fried flour stick	요우티아오(밀가루로 반죽한 튀김)
14	but⁶ zhai² gou¹ 砵仔糕	bō zǎi gāo 钵仔糕	Sticky puddings with red beans in bowls	단팥이 들어간 쫄깃한 식감의 푸딩
15	dau⁶ fu⁶ fa¹ 豆腐花	dòu fu nǎo 豆腐脑	Sweet tofu pudding	단맛 나는 연두부 같은 디저트
16	cha⁴ yip⁶ daan² 茶葉蛋	chá yè dàn 茶叶蛋	Tea flavored eggs	차엽단(찻잎, 간장으로 절인 계란)
17	lou⁵ po⁴ beng² 老婆餅	lǎo pó bǐng 老婆饼	Wife cake	전통 찹쌀 과자
18	daan⁶ gün² 蛋卷	dàn juǎn 蛋卷	Egg rolls	에그롤

yün¹ yöng¹
鴛鴦
yuān yāng
鸳鸯
Coffee with milk tea
밀크티 커피

ng⁵ fa¹ cha⁴
五花茶
wǔ huā chá
五花茶
Chinese tea with five herbs
오화차

gwai¹ ling⁴ gou¹
龜苓膏
guī líng gāo
龟苓膏
Tortoise jelly
거북이 젤리

bo¹ lo⁴ baau¹
菠蘿包
bō luó bāo
菠萝包
Pineapple bun
파인애플번

gai¹ daan⁶ zhai²
雞蛋仔
jī dàn zǎi
鸡蛋仔
Egg waffles
에그 와플

zhin¹ yöng⁶ saam¹ bou²
煎釀三寶
jiān niàng sān bǎo
煎酿三宝
Fried green pepper, eggplant
and tofu stuffed with fish paste
가지, 고추, 소시지 등에 잘게 간
생선을 묻힌 후 튀기는 분식

wun² zhai² chi³
碗仔翅
wǎn zǎi chì
碗仔翅
Faux shark's fin soup
샥스핀 수프

wan⁴ tan¹ min⁶
雲吞麵
hún tún miàn
馄饨面
Won-ton noodles
새우 만두면

yü⁴ daan²
魚蛋
yú wán
鱼丸
Fishballs
피쉬볼

gaak³ zhai² beng²

格仔餅

huá fū bǐng

华夫饼

Waffles with sugar and peanut butter

설탕과 땅콩버터를 곁들인 와플

chaau² löt⁶ zhi²

炒栗子

chǎo lì zi

炒栗子

Fried chestnuts

군밤

wui¹ faan¹ sü²

煨蕃薯

kǎo dì guā

烤地瓜

Baked sweet potato

군고구마

yau⁴ zha³ gwai²

油炸鬼

yóu tiáo

油条

Deep-fried flour stick

요우티아오(밀가루로 반죽한 튀김)

but⁶ zhai² gou¹

砵仔糕

bō zǎi gāo

钵仔糕

Sticky puddings with red beans in bowls

단팥이 들어간 쫄깃한 식감의 푸딩

dau⁶ fu⁶ fa¹

豆腐花

dòu fu nǎo

豆腐脑

Sweet tofu pudding

단맛 나는 연두부 같은 디저트

cha⁴ yip⁶ daan²

茶葉蛋

chá yè dàn

茶叶蛋

Tea flavored eggs

차엽단(찻잎, 간장으로 절인 계란)

lou⁵ po⁴ beng²

老婆餅

lǎo pó bǐng

老婆饼

Wife cake

전통 찹쌀 과자

daan⁶ gün²

蛋卷

dàn juǎn

蛋卷

Egg rolls

에그롤

8) 메뉴판

• 메인 요리(精美小菜)

광둥어	중국어	영어	한국어
siu¹ mei² ping³ pun² 燒味拼盤	shāo wèi pīn pán 烧味拼盘	Roast meat platter, including barbecued pork, roast goose and jellyfish etc.	홍콩식 바비큐 구이 모듬
ning⁴ mung¹ gai¹ 檸檬雞	níng méng jī 柠檬鸡	Deep-fried chicken with lemon sauce	레몬 치킨
gwu¹ lou¹ yuk⁶ 咕嚕肉	gū lū ròu 咕噜肉	Sweet and sour pork	광둥식 탕수육
baak⁶ chök³ ha¹ 白灼蝦	bái zhuó xiā 白灼虾	Boiled / blanched prawns	삶은 새우
si⁶ zhap¹ zhing¹ yü² 豉汁蒸魚	chǐ zhī zhēng yú 豉汁蒸鱼	Steamed fish with Chinese fermented black beans	간장소스 생선찜
sai¹ laan⁴ fa¹ chaau² daai³ zhi² 西蘭花炒帶子	xī lán huā chǎo dài zi 西兰花炒带子	Stir-fried scallops with broccoli	브로콜리 관자 볶음
baak³ fa¹ zhing¹ yöng⁶ dau⁶ fu⁶ 百花蒸釀豆腐	bǎi huā zhēng niàng dòu fu 百花蒸酿豆腐	Steamed stuffed tofu	새우 두부찜
ching¹ zhing¹ sek⁶ baan¹ 清蒸石斑	qīng zhēng shí bān 清蒸石斑	Steamed grouper	농어찜, 그루퍼찜
zha³ hou⁴ 炸蠔	zhá háo 炸蚝	Deep-fried oyster	굴 튀김

광둥어	중국어	영어	한국어
zhi¹ si² guk⁶ lung⁴ ha¹ 芝士焗龍蝦	zhī shì jú lóng xiā 芝士焗龙虾	Baked lobster with cheese and butter	치즈 랍스타구이
göng¹ chung¹ chaau² haai⁵ 薑蔥炒蟹	jiāng cōng chǎo xiè 姜葱炒蟹	Fried crab with ginger and spring onion	대파 생강 볶음 게
chaau² choi³ sam¹ 炒菜心	chǎo cài xīn 炒菜心	Stir-fried shanghai greens	초이삼 볶음
chaau² sin¹ lou⁶ sön² 炒鮮露筍	chǎo xiān lú sǔn 炒鲜芦笋	Stir-fried asparagus	아스파라거스 볶음

• **수프** (湯羹類)

광둥어	중국어	영어	한국어
lai⁶ tong¹ 例湯	lì tāng 例汤	Soup of the day	오늘의 수프
söng⁶ tong¹ gai¹ si¹ chi³ 上湯雞絲翅	shàng tāng jī sī chì 上汤鸡丝翅	Shark's fin soup with shredded chicken	닭고기 샥스핀 수프
se⁴ gang¹ 蛇羹	shé gēng 蛇羹	Snake soup	뱀 수프
gai¹ yung⁴ suk¹ mai⁵ gang¹ 雞蓉粟米羹	jī róng sù mǐ gēng 鸡蓉粟米羹	Chicken and sweet corn soup	다진 닭고기 옥수수 수프

Tip

'湯 tong¹'과 '羹 gang¹'은 모두 탕류이지만, '湯'은 맑은 육수이고, '羹'은 걸쭉한 육수를 뜻합니다.

• 면 종류(粉麵類)

광둥어	중국어	영어	한국어
gai¹ kau⁴ chaau² min⁶ 雞球炒麵	jī qiú chǎo miàn 鸡球炒面	Fried egg noodles with chicken	닭고기 볶음면
yuk⁶ si¹ chaau² min⁶ 肉絲炒麵	ròu sī chǎo miàn 肉丝炒面	Fried egg noodles with shredded pork	잘게 썬 돼지고기 볶음면
ngau⁴ naam⁵ min⁶ 牛腩麵	niú nǎn miàn 牛腩面	Noodles with beef brisket	양지면
sa³ de¹ ngau⁴ yuk⁶ min⁶ 沙嗲牛肉麵	shā diē niú ròu miàn 沙爹牛肉面	Noodles with beef satay	사테소스맛 우육면
süt³ choi³ yuk⁶ si¹ min⁶ 雪菜肉絲麵	xuě cài ròu sī miàn 雪菜肉丝面	Noodles with preserved vegetables and shredded pork	갓김치와 잘게 썬 돼지고기면
ngau⁴ zhaap⁶ ho² 牛雜河	niú zá hé fěn 牛杂河粉	Rice noodles with assorted beef entrails	소내장 쌀국수
mak⁶ yün² ho² 墨丸河	mò yú wán hé fěn 墨鱼丸河粉	Rice noodles with squid balls	오징어 완자 쌀국수
gon¹ chaau² ngau⁴ ho² 乾炒牛河	gān chǎo niú hé 干炒牛河	Stir-fried rice noodles with beef	간장 소고기 볶음면

• 죽과 밥 종류(粥飯類)

광둥어	중국어	영어	한국어
yöng⁴ zhau¹ chaau² faan⁶ 揚州炒飯	yáng zhōu chǎo fàn 扬州炒饭	Assorted fried rice	계란 볶음밥
ga³ lei¹ ngau⁴ yuk⁶ faan⁶ 咖哩牛肉飯	gā lǐ niú ròu fàn 咖哩牛肉饭	Beef curry with rice	소고기 카레라이스
ga³ lei¹ gai¹ faan⁶ 咖哩雞飯	gā lǐ jī fàn 咖哩鸡饭	Chicken curry with rice	닭고기 카레라이스
yau⁴ gai¹ siu¹ aap³ faan⁶ 油雞燒鴨飯	yóu jī shāo yā fàn 油鸡烧鸭饭	Soy sauce chicken and roast duck with rice	오리고기 덮밥
yü⁵ zhü¹ siu¹ yuk⁶ faan⁶ 乳豬燒肉飯	rǔ zhū shāo ròu fàn 乳猪烧肉饭	Piglet and roast pork with rice	돼지고기 덮밥
saang¹ gwan² ngau⁴ yuk⁶ zhuk¹ 生滾牛肉粥	shēng gǔn niú ròu zhōu 生滚牛肉粥	Beef congee	소고기 죽
pei⁴ daan² sau³ yuk⁶ zhuk¹ 皮蛋瘦肉粥	pí dàn shòu ròu zhōu 皮蛋瘦肉粥	Congee with century egg and pork	송화단 죽

Track 5-18

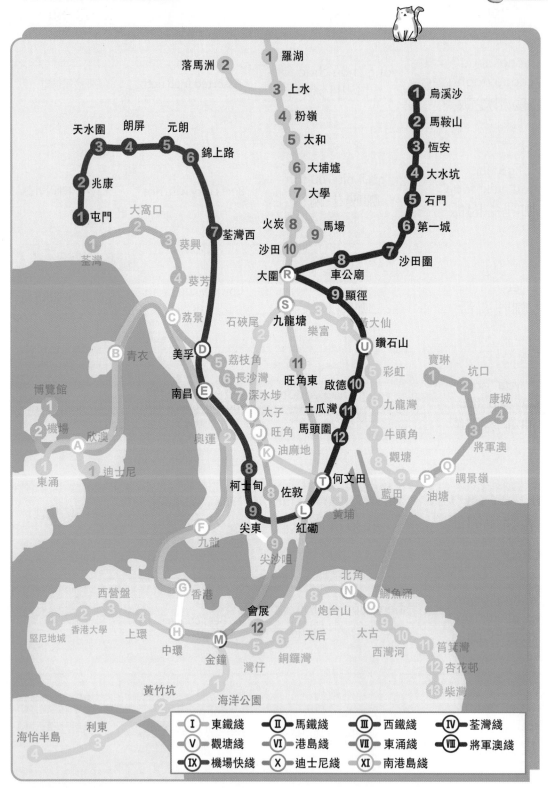

Ⅰ	東鐵綫	Ⅱ	馬鐵綫	Ⅲ	西鐵綫	Ⅳ	荃灣綫
Ⅴ	觀塘綫	Ⅵ	港島綫	Ⅶ	東涌綫	Ⅷ	將軍澳綫
Ⅸ	機場快綫	Ⅹ	迪士尼綫	Ⅺ	南港島綫		

I   Dung^1 tit^3 sin^3 Dōng tiě xiàn   East Rail Line

① Lo^4 wu^4	Luó hú	Lo Wu	로우
② Lok^6 ma^5 zhau^1	Luò mǎ zhōu	Lok Ma Chau	록마차우
③ Söng^6 söü^2	Shàng shuǐ	Sheung Shui	성수이
④ Fan^2 leng^5	Fēn lǐng	Fanling	판링
⑤ Taai^3 wo^4	Tài hé	Tai Wo	타이워
⑥ Daai^6 bou^3 höü^1	Dà bù xū	Tai Po Market	타이포 마켓
⑦ Daai^6 hok^6	Dà xué	University	유니버시티
⑧ Fo^2 taan^3	Huǒ tàn	Fo Tan	포탄
⑨ Ma^5 chöng^4	Mǎ chǎng	Racecourse	레이스코스
⑩ Sa^1 tin^4	Shā tián	Sha Tin	샤틴
Ⓡ Daai^6 wai^4	Dà wéi	Tai Wai	타이와이
Ⓢ Gau^2 lung^4 tong^4	Jiǔ lóng táng	Kowloon Tong	카우룽퉁
⑪ Wong^6 gok^3 dung^1	Wàng jiǎo dōng	Mong Kok East	몽콕이스트
Ⓛ Hung^4 ham^3	Hóng kàn	Hung Hom	헝홈
⑫ Wui^6 zhin^2	Huì zhǎn	Exhibition	엑시비션
Ⓜ Gam^1 zhung^1	Jīn zhōng	Admiralty	애드미럴티

II   Ma^5 on^1 saan^1 sin^3 Mǎ ān shān xiàn   Ma On Shan Line

① Wu^1 kai^1 sa^1	Wū xī shā	Wu Kai Sha	우카이샤
② Ma^5 on^1 saan^1	Mǎ ān shān	Ma On Shan	마온산
③ Hang^4 on^1	Héng ān	Heng On	행온
④ Daai^6 söü^2 haang^1	Dà shuǐ kēng	Tai Shui Hang	타이수이항
⑤ Sek^6 mun^4	Shí mén	Shek Mun	섹문
⑥ Dai^6 yat^1 sing^4	Dì yī chéng	City One	시티원
⑦ Sa^1 tin^4 wai^4	Shā tián wéi	Sha Tin Wai	샤틴와이
⑧ Che^1 gung^1 miu^2	Chē gōng miào	Che Kung Temple	체쿵템플
Ⓡ Daai^6 wai^4	Dà wéi	Tai Wai	타이와이
⑨ Hin^2 ging^3	Xiǎn jìng	Hin Keng	힌켕
Ⓤ Zhün^3 sek^6 saan^1	Zuàn shí shān	Diamond Hill	다이아몬드 힐
⑩ Kai^2 dak^1	Qǐ dé	Kai Tak	카이탁
⑪ Tou^2 gwa^1 waan^4	Tǔ guā wān	To Kwa Wan	토카완
⑫ Ma^5 tau^4 wai^4	Mǎ tóu wéi	Ma Tau Wai	마타우와이
Ⓣ Ho^4 man^4 tin^4	Hé wén tián	Ho Man Tin	호만틴
Ⓛ Hung^4 ham^3	Hóng kàn	Hung Hom	헝홈

III   Sai^1 tit^3 sin^3 Xī tiě xiàn   West Rail Line

① Tün^4 mun^4	Tún mén	Tuen Mun	툰문
② Siu^6 hong^1	Zhào kāng	Siu Hong	시우홍
③ Tin^1 söü^2 wai^4	Tiān shuǐ wéi	Tin Shui Wai	틴수이와이
④ Long^5 ping^4	Lǎng píng	Long Ping	롱핑
⑤ Yün^4 long^5	Yuán lǎng	Yuen Long	위엔롱
⑥ Gam^2 söng^6 lou^6	Jǐn shàng lù	Kam Sheung Road	캄성로드
⑦ Chün^4 waan^1 sai^1	Quán wān xī	Tsuen Wan West	춘완 웨스트
Ⓓ Mei^5 fu^1	Měi fú	Mei Foo	메이푸
Ⓔ Naam^4 chöng^1	Nán chāng	Nam Cheong	남청
⑧ O^1 si^6 din^1	Kē shì diān	Austin	오스틴
⑨ Zhim^1 dung^1	Jiān dōng	East Tsim Sha Tsui	이스트 침사추이
Ⓛ Hung^4 ham^3	Hóng kàn	Hung Hom	헝홈

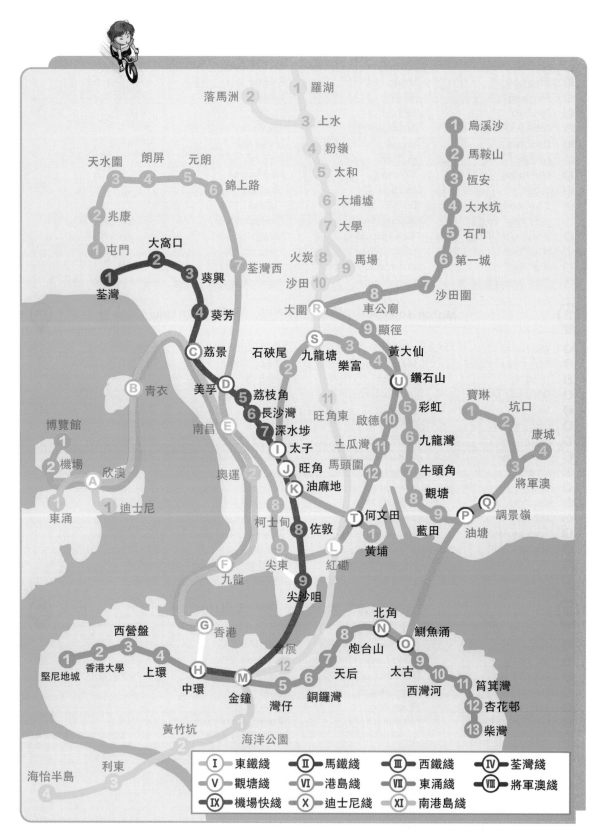

Ⓘ 東鐵綫		Ⓘ 馬鐵綫		Ⓘ 西鐵綫		Ⓘ 荃灣綫
Ⓥ 觀塘綫		Ⓥ 港島綫		Ⓥ 東涌綫		Ⓥ 將軍澳綫
Ⓘ 機場快綫		Ⓧ 迪士尼綫		Ⓧ 南港島綫		

Ⅳ Chün⁴ waan¹ sin³   Quán wān xiàn   Tsuen Wan Line

❶ Chün⁴ waan¹	Quán wān	Tsuen Wan	춘완
❷ Daai⁶ wo¹ hau²	Dà wō kǒu	Tai Wo Hau	타이워하우
❸ Kwai⁴ hing¹	Kuí xīng	Kwai Hing	콰이힝
❹ Kwai⁴ fong¹	Kuí fāng	Kwai Fong	콰이퐁
ⓒ Lai⁶ ging²	Lì jǐng	Lai King	라이킹
ⓓ Mei⁵ fu¹	Měi fú	Mei Foo	메이푸
❺ Lai⁶ zhi¹ gok³	Lì zhī jiǎo	Lai Chi Kok	라이치콕
❻ Chöng⁴ sa¹ waan⁴	Cháng shā wān	Cheung Sha Wan	청사완
❼ Sam¹ söü² bou²	Shēn shuǐ bù	Sham Shui Po	삼수이포
ⓘ Taai³ zhi²	Tài zǐ	Prince Edward	프린스 에드워드
ⓙ Wong⁶ gok³	Wàng jiǎo	Mong Kok	몽콕
ⓚ Yau⁴ ma⁴ dei²	Yóu má dì	Yau Ma Tei	야우마테이
❽ Zho² dön¹	Zuǒ dūn	Jordan	조단
❾ Zhim¹ sa¹ zhöü²	Jiān shā zuǐ	Tsim Sha Tsui	침사추이
ⓜ Gam¹ zhung¹	Jīn zhōng	Admiralty	애드미럴티
ⓗ Zhung¹ waan⁴	Zhōng huán	Central	센트럴역

Ⅴ Gwun¹ tong⁴ sin³   Guān táng xiàn   Kwun Tong Line

❶ Wong⁴ bou³	Huáng bù	Whampoa	왐포아
ⓣ Ho⁴ man⁴ tin⁴	Hé wén tián	Ho Man Tin	호만틴
ⓚ Yau⁴ ma⁴ dei²	Yóu má dì	Yau Ma Tei	야우마테이
ⓙ Wong⁶ gok³	Wàng jiǎo	Mong Kok	몽콕
ⓘ Taai³ zhi²	Tài zǐ	Prince Edward	프린스 에드워드
❷ Sek⁶ gip³ mei⁵	Shí xiá wěi	Shek Kip Mei	섹킵메이
ⓢ Gau² lung⁴ tong⁴	Jiǔ lóng táng	Kowloon Tong	카우룽퉁
❸ Lok⁶ fu³	Lè fù	Lok Fu	록푸
❹ Wong⁴ daai⁶ sin¹	Huáng dà xiān	Wong Tai Sin	웡타이신
ⓤ Zhün³ sek⁶ saan¹	Zuàn shí shān	Diamond Hill	다이아몬드 힐
❺ Choi² hung⁴	Cǎi hóng	Choi Hung	초이훙
❻ Gau² lung⁴ waan¹	Jiǔ lóng wān	Kowloon Bay	카우룽베이
❼ Ngau⁴ tau⁴ gok³	Niú tóu jiǎo	Ngau Tau Kok	응아우타우콕
❽ Gwun¹ tong⁴	Guān táng	Kwun Tong	쿤퉁
❾ Laam⁴ tin⁴	Lán tián	Lam Tin	람틴
ⓟ Yau⁴ tong⁴	Yóu táng	Yau Tong	야우퉁
ⓠ Tiu⁴ ging² leng⁵	Tiáo jǐng lǐng	Tiu Keng Leng	티우켕렝

Ⅵ Gong² dou² sin³   Gǎng dǎo xiàn   Island Line

❶ Gin¹ nei⁴ dei⁶ sing⁴	Jiān ní dì chéng	Kennedy Town	케네디 타운
❷ Höng¹ gong² daai⁶ hok⁶	Xiāng gǎng dà xué	HKU	홍콩대학
❸ Sai¹ ying⁴ pun⁴	Xī yíng pán	Sai Ying Pun	사이잉푼
❹ Söng⁶ waan⁴	Shàng huán	Sheung Wan	셩완
ⓗ Zhung¹ waan⁴	Zhōng huán	Central	센트럴역
ⓜ Gam¹ zhung¹	Jīn zhōng	Admiralty	애드미럴티
❺ Waan¹ zhai²	Wān zǎi	Wan Chai	완차이
❻ Tung⁴ lo⁴ waan¹	Tóng luó wān	Causeway Bay	코즈웨이베이
❼ Tin¹ hou⁶	Tiān hòu	Tin Hau	틴하우
❽ Paau³ toi⁴ saan¹	Pào tái shān	Fortress Hill	포트리스힐
ⓝ Bak¹ gok³	Běi jiǎo	North Point	노스포인트
ⓞ Zhak¹ yü⁴ chung¹	Zéi yú chōng	Quarry Bay	쿼리베이
❾ Taai³ gwu²	Tài gǔ	Tai Koo	타이쿠
❿ Sai¹ waan¹ ho²	Xī wān hé	Sai Wan Ho	사이완호
⑪ Saau¹ gei¹ waan¹	Shāo jī wān	Shau Kei Wan	샤우케이완
⑫ Hang⁶ fa¹ chün¹	Xìng huā cūn	Heng Fa Chuen	헝파추엔
⑬ Chaai⁴ waan¹	Chái wān	Chai Wan	차이완

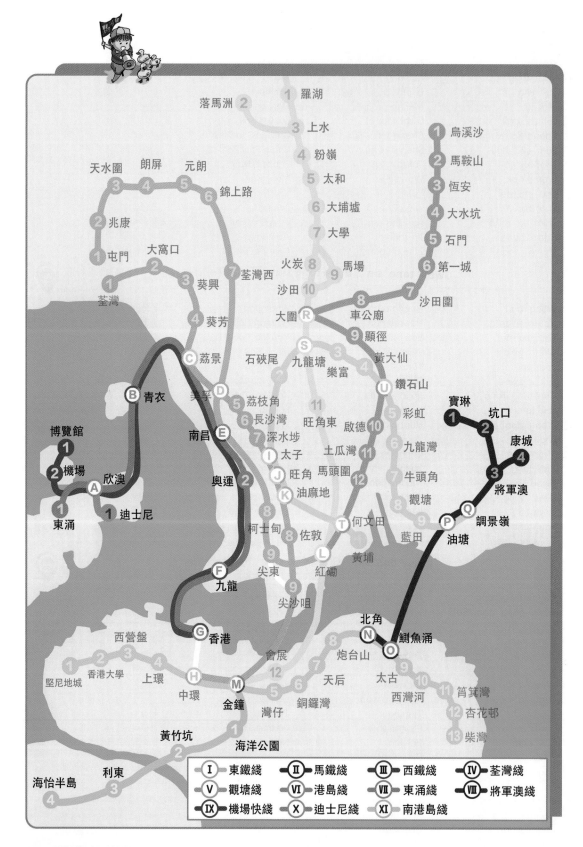

Ⓘ — 東鐵綫	Ⅱ — 馬鐵綫
Ⅲ — 西鐵綫	Ⅳ — 荃灣綫
Ⅴ — 觀塘綫	Ⅵ — 港島綫
Ⅶ — 東涌綫	Ⅷ — 將軍澳綫
Ⅸ — 機場快綫	Ⅹ — 迪士尼綫
Ⅺ — 南港島綫	

VII Dung¹ chung¹ sin³ Dōng chōng xiàn Tung Chung Line

1	Dung¹ chung¹	Dōng chōng	Tung Chung	퉁쳥
Ⓐ	Yan¹ ou³	Xīn ào	Sunny Bay	서니베이
Ⓑ	Ching¹ yi¹	Qīng yī	Tsing Yi	칭이
Ⓒ	Lai⁶ ging²	Lì jǐng	Lai King	라이킹
Ⓔ	Naam⁴ chöng¹	Nán chāng	Nam Cheong	남청
2	Ou³ wan⁶	Ào yùn	Olympic	올림픽
Ⓕ	Gau² lung⁴	Jiǔ lóng	Kowloon	카우룽
Ⓖ	Höng¹ gong²	Xiāng gǎng	Hong Kong	홍콩

VIII Zhöng¹ gwan¹ ou³ sin³ Jiāng jūn ào xiàn Tseung Kwan O Line

1	Bou² lam⁴	Bǎo lín	Po Lam	포람
2	Haang¹ hau²	Kēng kǒu	Hang Hau	항하우
3	Zhöng¹ gwan¹ ou³	Jiāng jūn ào	Tseung Kwan O	청관오
4	Hong¹ sing⁴	Kāng chéng	LOHAS Park	로하스 파크
Ⓠ	Tiu⁴ ging² leng⁵	Tiáo jǐng lǐng	Tiu Keng Leng	티우켕렝
Ⓟ	Yau⁴ tong⁴	Yóu táng	Yau Tong	야우통
Ⓞ	Zhak¹ yü⁴ chung¹	Zéi yú chōng	Quarry Bay	쿼리베이
Ⓝ	Bak¹ gok³	Běi jiǎo	North Point	노스포인트

IX Gei¹ chöng⁴ faai³ sin³ Jī chǎng kuài xiàn Airport Express

1	Bok³ laam⁵ gwun²	Bó lǎn guǎn	Asia World-Expo	아시아월드 엑스포역
2	Gei¹ chöng⁴	Jī chǎng	Airport	공항
Ⓑ	Ching¹ yi¹	Qīng yī	Tsing Yi	칭이
Ⓕ	Gau² lung⁴	Jiǔ lóng	Kowloon	카우룽
Ⓖ	Höng¹ gong²	Xiāng gǎng	Hong Kong	홍콩

X Dik⁶ si⁶ nei⁴ sin³ Dí shì ní xiàn Disneyland Line

| Ⓐ | Yan¹ ou³ | Xīn ào | Sunny Bay | 서니베이 |
| 1 | Dik⁶ si⁶ nei⁴ | Dí shì ní | Disneyland Resort | 디즈니랜드 리조트 |

XI Naam⁴ gong² dou² sin³ Nán gǎng dǎo xiàn South Island Line

Ⓜ	Gam¹ zhung¹	Jīn zhōng	Admiralty	애드미럴티
1	Hoi² yöng⁴ gung¹ yün²	Hǎi yáng gōng yuán	Ocean Park	오션파크
2	Wong⁴ zhuk¹ haang¹	Huáng zhú kēng	Wong Chuk Hang	웡척항
3	Lei⁶ dung¹	Lì dōng	Lei Tung	레이퉁
4	Hoi² yi⁴ bun³ dou²	Hǎi yí bàn dǎo	South Horizons	사우스 호라이즌

A	Chöng⁴ zhau¹ 長洲	Cháng zhōu 长洲	Cheung Chau	청차우
B	Naam⁴ a¹ dou² 南丫島	Nán yā dǎo 南丫岛	Lamma Island	라마섬
C	Ping⁴ zhau¹ 坪洲	Píng zhōu 坪洲	Peng Chau	펭차우
D	Pou⁴ toi⁴ dou² 蒲台島	Pú tái dǎo 蒲台岛	Po Toi Island	포토이섬
E	Dung¹ lung⁴ dou² 東龍島	Dōng lóng dǎo 东龙岛	Tung Lung Island	둥룽섬
F	Hei² ling⁴ zhau¹ 喜靈洲	Xǐ líng zhōu 喜灵洲	Hei Ling Chau	헤이링차우

San¹ gaai³ 新界	Xīn jiè 新界	New Territories	신계
1 Lei⁴ dou² köü¹ 離島區	Lí dǎo qū 离岛区	Islands District	리다오구
2 Kwai⁴ ching¹ köü¹ 葵青區	Kuí qīng qū 葵青区	Kwai Tsing District	콰이칭구
3 Bak¹ köü¹ 北區	Běi qū 北区	North District	베이구
4 Sai¹ gung³ köü¹ 西貢區	Xī gòng qū 西贡区	Sai Kung District	사이쿵구
5 Sa¹ tin⁴ köü¹ 沙田區	Shā tián qū 沙田区	Shatin District	사텐구
6 Daai⁶ bou³ köü¹ 大埔區	Dà bù qū 大埔区	Tai Po District	타이포구
7 Chün⁴ waan¹ köü¹ 荃灣區	Quán wān qū 荃湾区	Tsuen Wan District	취안완구
8 Tün⁴ mun⁴ köü¹ 屯門區	Tún mén qū 屯门区	Tuen Mun District	툰먼구
9 Yün⁴ long⁵ köü¹ 元朗區	Yuán lǎng qū 元朗区	Yuen Long District	위안랑구

Gau² lung⁴ 九龍	Jiǔ lóng 九龙	Kowloon	카우룽
10 Gau² lung⁴ sing⁴ köü¹ 九龍城區	Jiǔ lóng chéng qū 九龙城区	Kowloon City District	카우룽시티구
11 Gwun¹ tong⁴ köü¹ 觀塘區	Guān táng qū 观塘区	Kwun Tong District	관탕구
12 Sam¹ söü² bou² köü¹ 深水埗區	Shēn shuǐ bù qū 深水埗区	Sham Shui Po District	삼수이포구
13 Wong⁴ daai⁶ sin¹ köü¹ 黃大仙區	Huáng dà xiān qū 黄大仙区	Wong Tai Sin District	웡타이신구
14 Yau⁴ zhim¹ wong⁶ köü¹ 油尖旺區	Yóu jiān wàng qū 油尖旺区	Yau Tsim Mong District	야침몽구

Höng¹ gong² 香港	Xiāng gǎng 香港	Hong Kong Island	홍콩
15 Zhung¹ sai¹ köü¹ 中西區	Zhōng xī qū 中西区	Central and Western District	중시구
16 Dung¹ köü¹ 東區	Dōng qū 东区	Eastern District	둥구
17 Naam⁴ köü¹ 南區	Nán qū 南区	Southern District	난구
18 Waan¹ zhai² köü¹ 灣仔區	Wān zǎi qū 湾仔区	Wan Chai District	완차이구

7 홍콩의 화폐 단위

홍콩에서 사용되는 화폐 단위인 '(홍콩) 달러'는 '蚊, man[1]', '10센트'는 '毫子, hou[4] zhi[2]'라고 합니다. 달러와 센트는 각각 「$」「¢」로 표기합니다.

> **예시**: 50 (홍콩) 달러는 $50이며, 광둥어로는 '五十蚊, ng[5] sap6 man[1]' 입니다.
> 60 (홍콩) 센트는 60 ¢이며, 광둥어로는 '六毫子, luk[6] hou[4] zhi[2]' 입니다.

달러와 센트가 같이 쓰이는 경우:

1) '蚊, man[1]' 대신 '個, go[3]'를 사용합니다.
2) '毫子, hou[4] zhi[2]' 중에 '子, zhi[2]'를 생략할 수 있습니다.
3) 50 센트는 '半, bun[3]'으로 사용합니다.

> **예시**: $26.5는 '廿六蚊五毫, ya[6] luk[6] man[1] ng[5] hou[4]' 대신
> '廿六個半, ya[6] luk[6] go[3] bun[3]'이라고 표현합니다.

Track 5-20

	광둥어	중국어	한국어
$1.1	go[3] yat[1] 個一	yí kuài yī 一块一	1 달러
$1.5	go[3] bun[3] 個半	yí kuài wǔ 一块五	1.5 달러
$2.2	löng[5] go[3] yi[6] 兩個二	liǎng kuài èr 两块二	2.2 달러
$10.4	sap[6] go[3] sei[3] 十個四	shí kuài sì 十块四	10.4 달러
$26.5	ya[6] luk[6] go[3] bun[3] 廿六個半	èr shí liù kuài wǔ 二十六块五	26.5 달러
$170	yat[1] baak[3] chat[1] sap[6] man[1] 一百七十蚊	yì bǎi qī (shí yuán / kuài) 一百七(十元 / 块)	170 달러
$298.2	yi[6] baak[3] gau[2] sap[6] baat[3] go[3] yi[6] 二百九十八個二	èr / liǎng bǎi jiǔ shí bā kuài èr 二 / 两百九十八块二	298.2 달러

1) 홍콩의 화폐

• 동전 (硬幣, Ngaang⁶ bai⁶)

10 ¢	20 ¢	50 ¢
yat¹ hou⁴	löng² hou⁴	ng⁵ hou⁴
一毫	兩毫	五毫
10 센트	20 센트	50 센트

$1	$2
yat¹ man¹	löng² man¹
一蚊	兩蚊
1 달러	2 달러

$5	$10
ng⁵ man¹	sap⁶ man¹
五蚊	十蚊
5 달러	10 달러

• 지폐 (紙幣, zhi² bai⁶)

$10	$20
sap⁶ man¹	ya⁶ man¹
十蚊	廿蚊
10 달러	20 달러

$50	$100
ng⁵ sap⁶ man¹	yat¹ baak³ man¹
五十蚊	一百蚊
50 달러	100 달러

$500	$1000
ng⁵ baak³ man¹	yat¹ chin¹ man¹
五百蚊	一千蚊
500 달러	1000 달러

2) 중국의 화폐(RMB)

• 동전(硬币, yìng bì)

¥0.1 yì jiǎo / yì máo 一角 / 一毛 1 지아오 / 1 마오	¥0.5 wǔ jiǎo / wǔ máo 五角 / 五毛 5 지아오 / 5 마오	¥1 yì yuán / yí kuài 一元 / 一块 1 위안 / 1 콰이

• 지폐(纸币, zhǐ bì)

¥1 yì yuán / yí kuài 一元 / 一块 1 위안 / 1 콰이 	¥5 wǔ yuán / wǔ kuài 五元 / 五块 5 위안 / 5 콰이 
¥10 shí yuán / shí kuài 十元 / 十块 10 위안 / 10 콰이 	¥20 èr shí yuán / èr shí kuài 二十元 / 二十块 20 위안 / 20 콰이 
¥50 wǔ shí yuán / wǔ shí kuài 五十元 / 五十块 50 위안 / 50 콰이 	¥100 yì bǎi yuán / yì bǎi kuài 一百元 / 一百块 100 위안 / 100 콰이 

어휘 색인 (Index)

D

da²	打	때리다, 전화를 걸다, (운동을) 하다	4-4	p86
da² fo² gei¹	打火機	라이터	4-35	p88
daan⁶ gou¹	蛋糕	케이크	3-7	p62
dai⁶ dai² / sai³ lou²	弟弟 / 細佬	남동생	2-19	p39
Dak¹ gwok³	德國	독일	1-34	p14
dang³	櫈	의자	4-24	p88
din⁶ nou⁵	電腦	컴퓨터	4-41	p89
din⁶ si⁶ (gei¹)	電視(機)	텔레비전	4-39	p89
din⁶ wa²	電話	전화(기)	4-15	p87
ding⁶ (hai⁶)	定(係)	아니면, 또는	4-6	p86
dip²	碟	접시	3-41	p65
dou¹	都	~도	1-38	p14
dou¹	刀	칼, 나이프	3-37	p65
dou¹ hai⁶ / dou¹	都係 / 都	~은(는) 모두 ~이다	1-40	p14
dung² si⁶ zhöng²	董事長	이사장	1-13	p13
dung³	凍	차갑다, 춥다	3-34	p65

F

faai³ zhi²	筷子	젓가락	3-42	p65
faan⁶	飯	밥	3-8	p62
Faat³ gwok³	法國	프랑스	1-33	p14
faat³ ying⁴ nguk¹	髮型屋	이발소, 헤어숍	2-34	p40
fu⁶ mou⁵	父母	부모님	2-5	p38

G

ga¹ ting⁴ zhü² fu⁵	家庭主婦	가정주부	1-18	p13
ga³ fe¹	咖啡	커피	3-25	p64
gam²	噉	그렇게, 그러면	4-9	p87
ge³	嘅	~의	4-5	p86
gei²	幾	몇(3에서 10 사이) / 몇몇	4-8	p86
gei² do¹	幾多	얼마	4-7	p86

gei^3 si^6 bou^2	記事簿	다이어리	4-33	p88
ging^1 lei^5	經理	부장, 매니저	1-15	p13
go^1	歌	노래	4-21	p87
go^2 di^1	嗰啲	저것들, 그것들	3-4	p62
go^2 dou^6	嗰度	저기, 거기	2-2	p38
go^2 go^3	嗰個	저(것), 그(것)	3-2	p62
go^4 go^1 / a^3 go^1	哥哥 / 阿哥	형, 오빠	2-17	p39
gung^1 ching^4 si^1	工程師	엔지니어	1-23	p13
gung^1 si^1	公司	회사	2-26	p40
gung^1 si^1 zhik^1 yün^4	公司職員	회사원	1-16	p13
gung^4 gung^1	公公	외할아버지	2-9	p39

H

haak^3 (yan^4)	客(人)	고객, 손님	2-24	p40
hai^6	係	~이다	1-39	p14
hang^4 lei^5	行李	짐, 수하물	4-29	p88
hei^3	戲	영화	4-22	p88
hing^1 dai^6 zhi^2 mui^6	兄弟姊妹	형제자매	2-6	p38
ho^2 lok^6	可樂	콜라	3-24	p64
hok^6 haau^6	學校	학교	2-25	p40
hon^3 bou^2 baau^1	漢堡包	햄버거	3-12	p63
Hon^4 gwok^3	韓國	한국	1-32	p14
hou^4 (zhi^2)	毫(子)	10 (홍콩) 센트	4-13	p87
Höng^1 gong^2	香港	홍콩	1-29	p14
höü^3	去	가다	2-40	p41
hung^4 zhau^2	紅酒	레드 와인	3-22	p64

K

kaat^1 pin^2	咭片	명함	3-32	p64
köü^5	佢	그, 그녀	1-5	p12
köü^5 dei^6	佢哋	그들, 그녀들	1-6	p12

어휘 색인

	L			
laang^5 hei^3 (gei^1)	冷氣(機)	에어컨	4-40	p89
lai^4	嚟	오다	2-39	p41
lou^5 gung^1 / sin^1 saang^1	老公/先生	남편	2-7	p38
lou^5 po^4 / taai^3 taai^2	老婆/太太	아내	2-8	p38
lou^5 si^1	老師	선생님	1-19	p13
löt^6 si^1	律師	변호사	1-20	p13

	M			
m^4	唔	~이(가) 아니다, ~하지 않다	1-41	p14
m^4 hai^6	唔係	~이(가) 아니다	1-42	p14
ma^4 ma^1 / ma^1 mi^4	媽媽/媽咪	어머니	2-16	p39
ma^4 ma^4	嫲嫲	친할머니	2-12	p39
maai^5	買	사다	2-43	p41
maai^6	賣	팔다	2-44	p41
man^1	蚊	(홍콩) 달러	4-12	p87
mat^1 ye^5 / me^1	乜嘢/咩	무엇, 무슨	3-33	p64
Mei^5 gwok^3	美國	미국	1-28	p14
mei^5 yung^4 yün^2	美容院	미용실	2-33	p40
min^6	麵	면	3-9	p63
min^6 baau^1	麵包	빵	3-6	p62
mou^4 gan^1	毛巾	수건	4-37	p89
mou^5	冇	없다	4-2	p86
mui^4 mui^2 / sai^3 mui^2	妹妹/細妹	여동생	2-20	p39

	N			
naai^5 cha^4	奶茶	밀크티	3-26	p64
naam^4 zhai^2	男仔	남자아이	4-44	p89
nei^5	你	너, 당신	1-3	p12
nei^5 dei^6	你哋	너희들, 당신들	1-4	p12
nga^4 chim^1	牙籤	이쑤시개	3-44	p65
ngan^4 baau^1	銀包	지갑	4-14	p87

ngan⁴ hong⁴	銀行	은행	2-27	p40
ngau⁴ naai⁵	牛奶	우유	3-18	p63
ngo⁵	我	나	1-1	p12
ngo⁵ dei⁶	我哋	우리	1-2	p12
ngoi⁶ maai⁶ hap²	外賣盒	테이크아웃 용기	3-45	p65
nguk¹ kei² yan⁴	屋企人	가족	2-4	p38
ni¹ di¹	呢啲	이것들	3-3	p62
ni¹ dou⁶	呢度	여기	2-1	p38
ni¹ go³	呢個	이(것)	3-1	p62
ning² cha⁴	檸茶	레몬티	3-27	p64
nöü²	女	딸	4-45	p89
nöü⁵ zhai²	女仔	여자아이	4-46	p89
nün⁵	暖	따뜻하다	3-36	p65

P				
pang⁴ yau⁵	朋友	친구	2-22	p39
ping⁴ gwo² zhap¹	蘋果汁	사과주스	3-17	p63
po⁴ po²	婆婆	외할머니	2-10	p39

S				
saam¹ man⁴ zhi⁶	三文治	샌드위치	3-11	p63
sai³ lou⁶	細路	어린이, 아이	4-42	p89
sau² biu¹	手錶	손목시계	4-18	p87
sau² tai⁴ din⁶ wa²	手提電話	휴대 전화	4-16	p87
si⁶ ying³	侍應	종업원, 웨이터	1-26	p13
sik⁶	食	먹다	2-41	p41
sin¹ saang¹	先生	씨, 선생(성인 남자에 대한 존칭)	1-12	p13
sing³	姓	성이 ~이다	1-43	p14
siu² pang⁴ yau⁵	小朋友	어린이, 아이	2-23	p40
siu² zhe²	小姐	아가씨(미혼 여성)	1-10	p12
so² si⁴	鎖匙	열쇠	4-25	p88
söng² gei¹	相機	카메라	4-38	p89

söü²	水	물	3-15	p63
söü³	歲	세, 살(나이)	4-10	p87
sü¹	書	책	4-20	p87
sü¹ guk²	書局	서점	2-38	p41
süt³ gou¹	雪糕	아이스크림	3-14	p63

T				
Taai³ gwok³	泰國	태국	1-35	p14
taai³ taai²	太太	부인, 아내(기혼 여성을 부르는 말)	1-11	p13
tai²	睇	보다	2-46	p41
teng¹	聽	듣다	2-47	p41
tim⁴ ban²	甜品	디저트	3-10	p63
toi²	枱	책상	4-23	p88
tong¹	湯	국	3-21	p64
tung⁴ (maai⁴)	同(埋)	~와(과)	2-48	p41
tung⁴ si⁶	同事	동료	2-21	p39

W				
wan²	搵	찾다	4-3	p86
wu⁶ si⁶	護士	간호사	1-25	p13
wui⁶ gai³ si¹	會計師	회계사	1-21	p13
wun²	碗	그릇	3-40	p65

Y				
yam²	飲	마시다	2-42	p41
yam² gwun²	飲管	빨대	3-43	p65
yan⁴	人	사람	1-37	p14
Yat⁶ bun²	日本	일본	1-31	p14
yau⁴ guk²	郵局	우체국	2-32	p40
yau⁴ piu³	郵票	우표	4-28	p88

yau⁵	有	있다	4-1	p86
ye⁴ ye²	爺爺	친할아버지	2-11	p39
yi¹ sang¹	醫生	의사	1-24	p13
yi¹ yün²	醫院	병원	2-28	p40
yin¹	煙	담배	3-29	p64
yin¹ fui¹ gong¹	煙灰缸	재떨이	4-27	p88
Ying¹ gwok³	英國	영국	1-27	p14
yit⁶	熱	뜨겁다, 덥다	3-35	p65
yit⁶ gau²	熱狗	핫도그	3-13	p63
yiu³	要	원하다, 필요하다	2-45	p41
yün¹ yöng¹	鴛鴦	원앙새 밀크티	3-28	p64
yün⁴ bat¹	鉛筆	연필	4-30	p88
yün⁴ zhi² bat¹	原子筆	볼펜	4-31	p88
yüt⁶ lik⁶	月曆	달력	4-34	p88
Yüt⁶ naam⁴	越南	베트남	1-36	p14

Z

zhaap⁶ zhi³	雜誌	잡지	3-31	p64
zhai²	仔	아들	4-43	p89
zhau² dim³	酒店	호텔	2-36	p40
zhe¹	遮	우산	4-26	p88
zhe⁴ zhe¹ / ga¹ zhe¹	姐姐/家姐	누나, 언니	2-18	p39
zhi²	紙	종이	4-19	p87
zhi² gan¹	紙巾	티슈, 휴지	4-36	p89
zhung¹	鐘	시계, 시간	4-17	p87
Zhung¹ gwok³	中國	중국	1-30	p14
zhung² ging¹ lei⁵	總經理	사장, 최고 경영자	1-14	p13

어휘 색인

GO! 독학
광둥어 첫걸음
쓰기 노트

1 你叫做乜嘢名呀？ 당신의 이름은 무엇이에요?

➡ 你叫做乜嘢名呀？

2 好高興認識你。 만나서 반가워요.

➡ 好高興認識你。

3 佢係邊度人呀？ 그는 어느 나라 사람이에요?

➡ 佢係邊度人呀？

4 你係唔係香港人呀？ 당신은 홍콩인인가요, 아닌가요?

➡ 你係唔係香港人呀？

5 我唔係香港人。 저는 홍콩인이 아니에요.

➡ 我唔係香港人。

---

6 我係韓國人。 저는 한국인이에요.

➡ 我係韓國人。

---

7 你哋係唔係老師呀？ 당신들은 선생님인가요, 아닌가요?

➡ 你哋係唔係老師呀？

---

8 我哋唔係老師，我哋係公司職員。
저희는 선생님이 아니에요. 회사원이에요.

➡ 我哋唔係老師，我哋係公司職員。

9 佢係邊個呀？　그는 누구예요?

➡ 佢係邊個呀？

10 佢係經理。　그는 매니저예요.

➡ 佢係經理。

11 點稱呼呀？　성함이 어떻게 되시나요?

➡ 點稱呼呀？

12 你做緊乜嘢呀？　당신은 무엇을 하고 있나요?

➡ 你做緊乜嘢呀？

13 最近點呀？ 요즘 어떻게 지내세요?

➡ 最近點呀？

---

14 我太太係家庭主婦。 제 아내는 가정주부예요.

➡ 我太太係家庭主婦。

---

15 佢係會計師。 그녀는 회계사예요.

➡ 佢係會計師。

---

16 佢哥哥係醫生。 그의 형은 의사예요.

➡ 佢哥哥係醫生。

---

17 佢太太嚟唔嚟呀？   그의 아내는 오나요, 오지 않나요?

➡ 佢太太嚟唔嚟呀？

18 你買唔買呀？   당신은 사나요, 사지 않나요?

➡ 你買唔買呀？

19 我媽媽唔去。   저희 어머니는 가지 않아요.

➡ 我媽媽唔去。

20 我同我朋友去茶餐廳。   저와 제 친구는 홍콩식 식당에 가요.

➡ 我同我朋友去茶餐廳。

21 食咗飯未呀？　식사하셨어요?

➡ 食咗飯未呀？

---

22 好肚餓呀。　배가 엄청 고파요.

➡ 好肚餓呀。

---

23 唔該，外賣吖。　실례합니다만, 테이크아웃할게요.

➡ 唔該，外賣吖。

---

24 唔使找。　거스름돈은 안 주셔도 돼요.

➡ 唔使找。

25 我朋友去超級市場。　　제 친구는 슈퍼마켓에 가요.

➡ 我朋友去超級市場。

---

26 呢個係乜嘢呀?　　이것은 무엇이에요?

➡ 呢個係乜嘢呀?

---

27 呢個係蛋糕。　　이것은 케이크예요.

➡ 呢個係蛋糕。

---

28 嗰個係唔係漢堡包呀?　　저것은 햄버거인가요, 아닌가요?

➡ 嗰個係唔係漢堡包呀?

---

29 唔係，嗰個係熱狗。　아니요. 저것은 핫도그예요.

➡ 唔係，嗰個係熱狗。

---

30 我要呢個甜品。　저는 이 디저트를 원해요.

➡ 我要呢個甜品。

---

31 你食唔食飯呀？　당신은 밥을 먹나요, 먹지 않나요?

➡ 你食唔食飯呀？

---

32 我唔食飯。　저는 밥을 먹지 않아요.

➡ 我唔食飯。

33 平啲啦。　　좀 싸게 해 주세요.

➡ 平啲啦。

---

34 呢本書邊個㗎？　　이 책은 누구의 것이에요?

➡ 呢本書邊個㗎？

---

35 有乜嘢介紹？　　추천해 주실 것이 있나요?

➡ 有乜嘢介紹？

---

36 幾多錢呀？　　얼마예요?

➡ 幾多錢呀？

---

37 呢度二十蚊。　여기 20 달러 드릴게요.

➡ 呢度二十蚊。

38 搵返四個四。　4.4 달러 거슬러 드리겠습니다.

➡ 搵返四個四。

39 你邊位搵佢呀？　누구세요?

➡ 你邊位搵佢呀？

40 唔該等陣。　잠시만 기다려 주세요.

➡ 唔該等陣。

41 有人打電話搵你。 　당신을 찾는 전화가 걸려왔어요.

➡ 有人打電話搵你。

42 佢唔喺度。 　그/그녀는 안 계세요.

➡ 佢唔喺度。

43 打錯喇。 　잘못 거셨어요.

➡ 打錯喇。

44 你嘅電話幾多號呀？ 　당신의 전화 번호는 몇 번인가요?

➡ 你嘅電話幾多號呀？

45 唔該哂。拜拜。　감사합니다. 안녕히 계세요.

➡ 唔該哂。拜拜。

---

46 唔使客氣。拜拜。　천만에요. 안녕히 계세요.

➡ 唔使客氣。拜拜。

---

47 嗰部相機係我朋友嘅。　저 카메라는 제 친구의 것이에요.

➡ 嗰部相機係我朋友嘅。

---

48 我要一枝鉛筆同埋一本筆記簿吖。　연필 한 자루와 공책 한 권 주세요.

➡ 我要一枝鉛筆同埋一本筆記簿吖。

---

49 佢買一部電視機同埋一部冷氣機。

그는 텔레비전 한 대와 에어컨 한 대를 사요.

➡ 佢買一部電視機同埋一部冷氣機。

50 你要手提電話定手錶呀？

당신은 휴대 전화가 필요하세요, 아니면 손목시계가 필요하세요?

➡ 你要手提電話定手錶呀？

쓰기 노트